Mark L. Savickas
Career Counseling

サビカス
キャリア・
カウンセリング理論

〈自己構成〉によるライフデザインアプローチ

著｜マーク・L・サビカス
監訳｜日本キャリア開発研究センター
訳｜乙須敏紀

福村出版

CAREER COUNSELING by Mark L. Savickas, Ph.D.

This Work was originally published in English under the title of CAREER COUNSELING,
as a publication of the American Psychological Association in the United States of America.
Copyright ©2011 by the American Psychological Association (APA).
The Work has been translated and republished in Japanese language by permission of the APA
through The English Agency (Japan) Ltd.
This translation cannot be republished or reproduced by any third party in any form without express
written permission of the APA. No part of this publication may be reproduced or distributed in any form
or by any means, or stored in any database or retrieval system without prior permission of the APA.

我がライフ・ストーリーのこころ
マリー・アンに捧ぐ

日本の読者の皆様へ

親愛なる日本の大切な仲間へ

　キャリア構成と人生設計に興味を持っていただき感謝いたします。
　ご存じのように、仕事の世界では、急速な変化が進行中です。そして、コンピュータ革命や経済のグローバル化が進行中です。企業や会社は、数十年にわたり、職業や家族の歩む道筋を標準化してきましたが、私たちは、現在、企業や会社の規模が縮小するのを経験しています。そのために、学校を卒業して就職すること、ある仕事から次の仕事に移動することは、会社に依存するというよりは、個人に依存する度合いが大きくなっています。
　このように人生コースを個人化する傾向は、ポストモダン社会の中核的な特色です。標準的なタイムテーブルによって、かつては伝統的な個人の発達や人生計画に一定の枠組編成が提供されていましたが、それは脱標準化されてしまいました。計画表や伝統的な人生行路はかすんでしまったので、標準化された制度的な人生コースというパターンは、多様で個別化された、各自が作成する自叙伝に置き換えられました。
　このように人生コースが個別化されることによって、不確実性に満ちた世界における人生コースの可能性や課題に応えるための準備や順応をするために、さらに柔軟な対応が必要になりました。ますます、人々が自分の人生を形成すること、自分たちの選択した人生伝記に対して責任を持つことの必要性が出てきました。
　本書で表明していることは、人生を個別に設計することが、21世紀の一般的な特色になっている事実です。人々は、自分の人生を形成することにさらに関わることが期待されています。本書で示すモデルや方法は、一人ひとりが自叙伝的な物語と職業の可能性との間に意味あるリンクを構成するために、

自叙伝的な説明をする作業を進めるお役に立つことができます。人生設計のための道具と技術を持つことで、カウンセラーは、クライエントが自己の内部に確実性をもたらすキャリア・ストーリーを構成してそれを語ることができるようにすることによって、クライエントを支援することができます。

一貫性と継続性のある物語の構成は、自らの方向を決定し、個人的に責任を負うための内なるガイドを提供することになります。これが、不確実の世界で意志決定をして個人の発達を促すための安定した中核として役立ちます。明確で首尾一貫したアイデンティティ、あるいは人生物語は、絶え間なくその姿を変える世界において、最善の可能性が高い未来を構成するための生涯にわたるガイドとなるでしょう。

人生設計とキャリア構成のためのカウンセリング方法は、個人の特殊性と意味と価値に満たされた人生を選択する方法に焦点があります。自己構成と人生設計のためのキャリア・カウンセリングは、伝統的な職業ガイダンスと取り換わるものではありません。むしろ、ガイダンスと並ぶ位置を占めます。職業ガイダンスは、測定値やグループの類似性に焦点がありますが、キャリア構成は物語や個人の特殊性に焦点があります。したがって、キャリア構成と人生設計のためのカウンセリングは、職業そのものが再編成し、絶え間なく変化する世界の中で、人々が順応し花咲くための援助をするために、カウンセラーのレパートリーとして付け加えられるものなのです。

マーク・L・サビカス

監訳者まえがき

　本書は、アメリカ心理学会が企画した「心理療法理論シリーズ（*Theory of Psychotherapy Series*）」24巻のうちの1冊、*Career Counseling* (American Psychological Association, 2011) の全訳である。シリーズの編集者カールソンらは、シリーズの序文で、シリーズ刊行が以下の目的に沿って進められたと述べている。[*1]
まず、理論は、実践家が心理療法の広大な領域で舵を取るための羅針盤としてなくてはならず、かつ理論は科学の進歩に合わせて改良され、進化していることである。そして、理論の魅力と主要理論の最先端モデルを読者に届けるために、主要な理論領域で豊かな知識をもち、エビデンスに基づく実践を行っている指導者の中から精鋭を選んだこと、心理療法家であれば誰でも理解できるほど平易で、かつあらゆる事態を説明できるほど包括的である内容を期待したことである。

　とりわけ、キャリア・カウンセリングをテーマとした本書に関しては、21世紀の世界経済の急激な変化と成長に対処できるアプローチの必要性に鑑み、マーク・サビカスの研究と実践に裏付けられた、斬新で鋭いキャリア・カウンセリングの理論と展望に注目したことが強調されている。

　本書に対する編者の目的と期待は、キャリア・カウンセリング専門家としてのサビカス博士のキャリアにとって、テーマも時期もまさに絶好だったのではないか。サビカスは、本書で、まずアメリカの100年を超えるキャリア・カウンセリングの発展の歴史とそのパラダイム変化の経緯を、きわめてわかりやすい用語で明示し、さらに21世紀の生活・労働環境にふさわしいキャリアづくりと支援のあり方を雄弁に提示している。その内容は本書の第1章を読んでいただくとして、3つの変化の流れを筆者なりの表現にして要約する

---

*1　Carlson, J. & Englar-Carlson, M. (2011). Series Preface. In Savickas, M. L., *Career Counseling*. Washington, D.C.: American Psychological Association.

と、キャリア・カウンセリングは、「能力・適性測定中心」から、「能力開発中心」の時代を経て「自己創造中心」の現代へと収斂されてきたと理解できる。そして、サビカスは、21世紀のキャリア・カウンセリングは、3つの流れの特徴を引き継ぎつつ、時代の変化と要求に応じてキャリアを見る視点と介入を進化させていくことを奨励していると受け取ることができる。

　その点で本書は、キャリア・カウンセリングの専門家はもとより、仕事やキャリアについて考えたい人、就職、転職、退職後の人生を展望したい人など、人生におけるキャリアと仕事の位置づけに関心がある人々に、大いに参考になるに違いない。

2015年6月8日

監訳者を代表して
平木　典子

目次

日本の読者の皆様へ……4
監訳者まえがき……6

第1章　仕事の世界とキャリア介入……11
キャリア・カウンセリングの進化……13
新しい仕事の世界……18
不安定な労働者……19
21世紀のためのキャリア理論とキャリア介入……21
新しいパラダイム……23
本書の概要……24

第2章　自己とアイデンティティの構成……26
アイデンティティ……29
ナラティブ・アイデンティティ……33
ストーリーとしてのキャリア……37
ナラティブ・パラダイム……47

第3章　ナラティブ・カウンセリング……54
理解……56
一貫性……57
連続性……59

キャリア構成のためのナラティブ・カウンセリング ……60
　　　カウンセリング・モデル ……62
　　　クライエントの目標 ……71

第4章　キャリアストーリー・インタビュー ……79
　　　枠組み ……79
　　　構成 ……81

第5章　キャリアストーリー・アセスメント ……94
　　　アセスメントの目標 ……95
　　　パターンおよび問題のアセスメント ……99

第6章　解決のアセスメント ……117
　　　ロールモデルとガイド ……119
　　　自己をスケッチする ……128

第7章　場、台本、シナリオのアセスメント ……136
　　　場所、人、問題、そして方法 ……137
　　　職業興味の分類 ……140
　　　台本は自己と場を統合する ……142
　　　ストーリー：生きるための装備 ……147
　　　脱構成 ……150
　　　次のエピソードを考える ……153

行動への呼びかけ……154
　　　未来のシナリオを書く……157

第8章　キャリア構成のためのカウンセリング ……160
　　　一般原則……161
　　　構成を組み立てる……167
　　　ライフ・ポートレートをクライエントに語る……173
　　　ライフ・ポートレートを共に修正する……177
　　　意志を表明する……179
　　　アイデンティティ表明を発展させる……183

第9章　意志を行動に変える ……184
　　　探索……185
　　　決断し実行する……189
　　　締めくくる……192
　　　実践例……193
　　　結論……200

　　　附録　キャリアストーリー・インタビュー・フォーム……202
　　　用語集……204
　　　監訳者あとがき……207
　　　参考文献……211
　　　索引……217

第1章
仕事の世界とキャリア介入

　21世紀の労働は、人々に不安と不確実性を感じさせている。20世紀の安定した雇用と堅固な組織は、人生を構築し、未来を計画するためのしっかりした基盤を提供した。そうした安定性と確実性は、いまでは柔軟な雇用形態と流動的な組織という新しい社会的仕組みに置き換えられ、人々にきわめて大きな苦痛をもたらしている（Kalleberg, 2009）。この新しい社会の仕組みによって、働く人は、自分自身の未来の航海図を描き、アイデンティティを形成し、関係性を維持しようとするとき、漂流者にされてしまう。その一方で、世界経済は、職業生活についてのさまざまな新しい課題を提示している。中でも特に、個人が、社会アイデンティティと自分という意識を失うことなしに、生涯に何回も転職する人生をうまく乗り越えていけるか、という課題がある。

　デジタル革命に伴う「脱職務（dejobbing）」、「職務なき仕事（jobless work）」は、長期の仕事を短期のプロジェクトに変化させた。そのため、流動性というよりは安定性を強調する理論では、キャリアを理解することがますます困難になっている。不安定な経済における新しい形態の労働市場は、キャリアを単一雇用者との生涯にわたる契約としてではなく、プロジェクトを完結させたいと思っている一連の雇用者にサービスとスキルを売ることとして見ることが要求されている。キャリアの型が長期的な契約から柔軟性のある雇用へと変化している今日、キャリア・カウンセリングの形態も変化しなければならない。働く人々が流動化している社会と柔軟な組織に適応するためのよ

りよい支援ができるように、キャリア・カウンセリングの理論と技法は世界全体で進化しなければならない。

　クライエントが21世紀の生活を設計するのをいままで以上に支援することができるように、多くのキャリア・カウンセラーがそのやり方を変化させ始めている（Savickas, et al., 2009）。その新しい形のキャリア・カウンセリングは、近代的な職業ガイダンスと高度近代的なキャリア教育を、ポストモダンのキャリア・カウンセリングによって補っている。

　かつて職業ガイダンスとキャリア教育は、職業生活に伴うさまざまな問いに効果的に答えることができ、脚光を浴びたことがあった（Guichard, 2005）。職業行動についての最初の重要な理論が20世紀初めに現れた。それは、西洋社会が工業化、都市化、移民の波に翻弄されているときに提起された問い——すなわち、どれだけの労働者を彼らに適した仕事に効果的にマッチングさせることができるか——に答えるものであった。それが、人の能力と興味を職業の要件とその報酬にマッチングさせるというパーソンズの公式（Parsons, 1909）であった。個人を職業にマッチングさせるパーソンズのモデルは、それから50年かけて、個人−環境理論へと進化した。ホランドの職業選択の適合理論（Holland, 1997）は、マッチング・モデルを現代的頂点へと導いた。職業ガイダンスを行うときカウンセラーは、ホランドのマッチング・モデルを用いて、クライエントが (a) 自己知識を高め、(b) 職業的情報を増やし、(c) 自己を職業にマッチングさせるように支援した。

　第二次大戦後アメリカは、郊外に住む中産階級の勃興を経験した。これらの中産階級の人々は、地平線上の立ち並ぶ高層ビルに定住する階層的官僚によって雇用された。その結果、20世紀半ばに職業発達理論が現れ、階層的な専門職と官僚的な組織の中でキャリアの階段をいかにして上るかという問いに答え始めた。カウンセラーは、キャリア教育を行うとき、スーパーの職業発達モデル（Super, 1957）を応用し、クライエントが (a) キャリアステージを理解し、(b) そのステージに必要な発達課題について学び、(c) その課題をマスターするのに必要な態度、信念、能力を身につける支援をした。職業

ガイダンスに適用されるホランドの職業選択理論（Holland, 1997）と、キャリア教育に適用されるスーパーの職業発達理論（Super, 1990）は、今日でも、働く人をいかに職業にマッチングさせるか、そして官僚的な組織の中でキャリアをいかに発達させるかという点については有効である。

　しかし21世紀の初めに、企業がその姿を変容させていく中で、キャリアの中心は組織から個人へと移っていった（Hall, 1996a）。デジタル革命によって、個人は安定した組織の中でキャリアを発達させるのではなく、自分自身のキャリアを管理することを要求される。キャリアの責任の所在が組織から個人へと移行することによって、新しい課題が突きつけられている。すなわち、個人はいかにして転職する人生をうまく乗り越えていくか、という課題である。この課題に対するひとつの答えとして登場したのが、キャリア構成理論である（Savickas, 2001, 2005）。カウンセラーは、キャリア・カウンセリングを行うとき、キャリア構成理論を適用し、(a) 小さなストーリーを通じてキャリアを構成（construct）し、(b) 小さなストーリーを大きなストーリーへと脱構成（deconstruct）し、さらに再構成（reconstruct）し、(c) そのストーリーの中で次のエピソードを共に構成（coconstruct）する。

キャリア・カウンセリングの進化

　「キャリア・カウンセリング（career counseling）」という言葉は1960年代あたりからよく使われるようになったが、そのプロセスの学問的な概念化に対して持続的な注意が向けられ出したのは、つい最近のことである（Subich and Simonson, 2001）。キャリア・カウンセリングの進化にとって重要な出来事が、職業心理学会の創立大会で起きた（Savickas and Lent, 1994）。その大会の参加者は、キャリア発達理論とキャリア・カウンセリング理論は、異なった理論であると結論づけた。多くの研究者やカウンセラーが、ホランドの「タイプ（types）」理論（Holland, 1997）とスーパーの「ステージ（stages）」理論（Super,

1957)をキャリア・カウンセリング理論とみなしてきたが、「タイプ」理論と「ステージ」理論は、そもそも、職業選択とその発達の理論である。キャリア・カウンセリングの専門家は、実際にキャリア介入を行うとき、その中核的な「カウンセリング」モデルをパーソンズの職業ガイダンス（Parsons, 1909）のためのマッチング・モデルに頼ってきた。そのマッチング・モデルでは、カウンセラーが検査結果について解釈し、職業についての情報を提供した後、クライエントに合理的な決断を求める。この非常に効率のよい内容中心的な職業ガイダンスに対するアプローチは、結局は、キャリア教育に対するプロセス・アプローチによって補完されなければならなかった。そのプロセス・モデルは、どの職業を選ぶかではなく、どのように決定を下すかに焦点を当てた。カウンセラーは、プロセス・モデルを適用する中で、クライエントに、現実的な決定へと導く態度、信念、能力を教えた。発達的態度と能力を教えるこのプロセス・モデルもまた、「**職業ガイダンス**（vocational guidance）」と同様に、キャリア・カウンセリングと呼ばれた。しかし、それは実際には、「**キャリア教育**（carrer education）」である。キャリア・カウンセリングは、指導と教育を構成するコミュニケーション次元に加えて、関係性次元を必要とするのである（Crites, 1981）。

　キャリア・カウンセリング理論における欠落部分について検討するために、職業心理学会は第2回大会を開催した（Savickas and Walsh, 1996）。その大会で参加者は、キャリア発達理論はある問題について何を知ることができるかという知識問題に関わる理論であるが、キャリア・カウンセリング理論は、その問題についてクライエントは何をすることができるかという行動問題に関わらなければならないということで合意した。オシポウは、キャリア発達理論はキャリア介入で使用することができる実践手順を提供するようには設計されていない、と主張した（Osipow, 1996）。彼は、カウンセラーは、キャリア発達理論に多くを期待しすぎているのではないかと述べた。マイヤーズは、こうした理論と実践の分裂は、誤ってキャリア発達理論をキャリア・カウンセリング理論として概念化したことが原因で生じたのではないかと述べ

た（Myers, 1996）。すぐに、個人カウンセリングとキャリア・カウンセリングの間の長い間の分裂（Subich, 1993）が、職業ガイダンスをキャリア・カウンセリングとみなしてきた錯誤の結果であるという状況が説明された。

　大会で、2つの新しいキャリア・カウンセリング理論が提示された。チャートランドは、キャリア発達理論を包含しそれを補完する、開発中のキャリア・カウンセリング・モデルを示した（Chartrand, 1996）。彼女は、カウンセリングの内容に関しては社会認知キャリア理論を用い、カウンセリングのプロセスに関しては相互に作用する構成要素を用いた基本的なキャリア・カウンセリング理論を提起した。同じように、クランボルツは、彼自身のキャリア意志決定の社会学習理論をカウンセリング用に補足したものを提示した（Krumboltz, 1996）。その後クランボルツはそのモデルを、キャリア・カウンセリングの偶発性の学習理論へと精緻化した（Krumboltz, 2009）。そのモデルは、クライエントが偶然の出来事をキャリア・ディベロプメントに組み込むのを、カウンセラーが支援することに専念するというものである。プライアーとブライトもまた、計画していない偶然の出来事に焦点を当てて、カウンセリング・モデルを補うものとして、キャリアのカオス理論を形成した（Pryor and Bright, 2011）。

　サビカスは、既存のキャリア・ディベロプメント理論を補完するというよりは、さまざまなキャリア発達理論のつながりに焦点を当てる枠組みを提示して、それらを1つの流れに収束し、さらにそれに関連した評価と介入のための手順を開発した（Savickas, 1996）。その収束させる枠組みは、最終的に、個人の特性、発達課題、ライフ・テーマに焦点を合わせた職業行動の構成主義理論へと進化した（Savickas, 2001）。キャリア構成理論を進化させていく中で、サビカスはキャリア・カウンセリングの精緻なモデルを付け加えた（Savickas, 2005）。そのモデルは、個人を仕事の世界とそこにおける個人の居場所に導く職業ガイダンスモデルでもなければ、クライエントに発達課題と合理的な対処法を教えるキャリア教育モデルでもない。それは、まさしくキャリア・カウンセリングのモデルである。なぜなら、それは、カウンセラーがクライエントのキャリア構成を支援するという人間関係的プロセスに焦点を当てたも

のだからである。それはキャリア・カウンセリングについてのスーパーの願望（Super, 1951）と合致する。

　［キャリア・カウンセリング］は人が仕事の世界における自己と自分の役割について統合した適切な姿を発展させ受け容れるのを支援する過程であり、この概念を現実に対して試行し、それを現実へと変化させる過程であり、その結果、その人自身には満足を、社会には利益をもたらす。

　キャリア構成のためのカウンセリング、あるいは単純にキャリア・カウンセリングは、職業ガイダンスとキャリア教育に取って代わるものではなく、それらが介入する中間に位置を占めるものである。図1は、キャリア・カウンセリングの位置を簡潔に説明するために、職業ガイダンス、キャリア教育、キャリア・カウンセリングの3つをキャリア支援の異なった側面としてとらえ、その基本的な違いを示したものである。職業ガイダンスは、個人差という客観的視点からクライエントを演技者として眺め、彼らを特性についての得点によって特徴づけ、職業がそれ自体に似た人々を雇用するときにクライエントがその職業にマッチングするのを支援する。キャリア教育は、個人の発達という主観的視点からクライエントをエージェント（行為の主体者）としてとらえ、クライエントをそのライフステージに適した発達課題に取り組む準備がどの程度できているかで特徴づけ、彼らがそのキャリアをさらに上に押し上げるために必要な新しい態度、信念、能力を身につけるのを支援する。キャリア・カウンセリングは、個人による設計という計画的視点からクライエントを著作者としてとらえ、彼らをその自伝的ストーリーによって特徴づけ、クライエントがキャリアを構築していくときの支柱となるライフ・テーマについて内省するのを支援する。

　図1の3つの区分については、以下の文献の各章でさらに詳しく述べられている。マクアダムスとオルソンの「*Personality development: Continuity and*

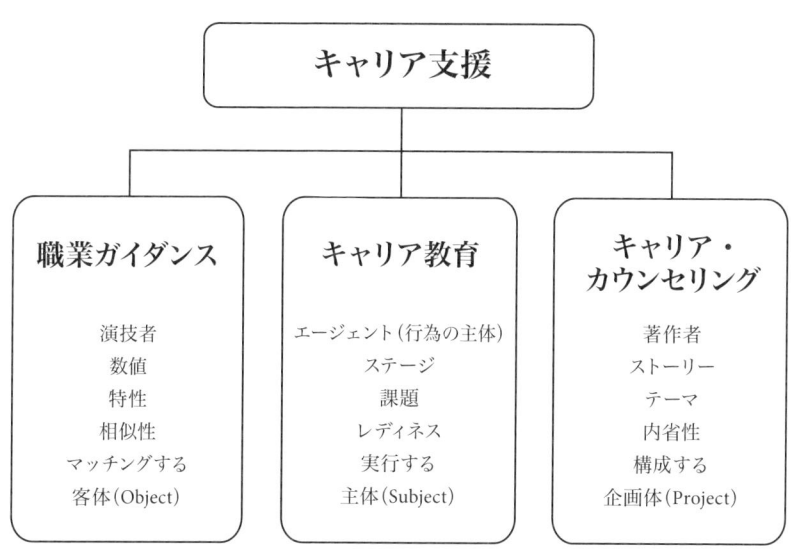

図1　キャリア支援——ガイダンス、教育、カウンセリングの比較

change over the life course」（McAdams and Olson, 2010）は演技者、エージェント、著作者の違いについて、サビカス「*Toward a comprehensive theory of career development: Dispositions, concerns, and narratives*」（Savickas, 2001）は特性、課題、テーマの違いについて、サビカス「*The self in vocational psychology: Object, subject, and project*」（Savickas, 2011）は客体（object）、主体（subject）、企画体（project）の違いについて述べている。

　このように今日では、カウンセラーはクライエントの要望に応じて異なったキャリア支援を適用することができる。職業適性を知りたいというクライエントには、職業ガイダンスを、職業的発達を強化したいというクライエントには、キャリア教育を、そして仕事生活を設計したいというクライエントには、キャリア・カウンセリングという具合に。

　それぞれのキャリア介入は、ガイダンスであれ、教育であれ、カウンセリングであれ、それが意図する目的にとって価値があり効果的なものである。個々の状況でどの介入にするかを決定するとき、カウンセラーは、あらためてウ

ィリアムソンとボーディンが最初に提示した、次の本質的な問いに答えなければならない（Williamson and Bordin, 1941）。その問いは、どのような方法が、どのような種類の結果を、どのような種類のクライエントにもたらすのかである。職業ガイダンスについてもっと多く学びたいという読者は、『ホランドの職業選択理論』[*1]（Holland, 1997）や、ロフクィストとダーウィス『*Essentials of person-environment correspondence counseling*』（Lofquist and Dawis, 1991）を、キャリア教育についてもっと多く学びたいという読者はスーパー、サビカスとスーパー「*The life-span, life-space approach in carrers*」（Super, Savickas, and Super, 1996）を読むといいだろう。

　さて本書は、キャリア・カウンセリングについての書である。この章の残りで、構成主義的キャリア・カウンセリングが、デジタル革命と世界経済によって生み出された新しい仕事の世界に備えている、あるいは現に参加しているクライエントの必要性に応えられる理由について説明しよう。

新しい仕事の世界

　21世紀が始まって10年間で、西洋社会は以前の仕事や職業の形態との断絶を経験した。情報技術が急速に進歩して、世界市場が開拓されてグローバリゼーションの時代が到来し、仕事の世界の変革や、生活様式の変化が進行している。いまでもフルタイム雇用が主要な仕事の形態であり、長期のキャリアも存在しているが、階層体系的な組織が壊れつつあるのに続いて、臨時の仕事やパートタイムの仕事がますます常態化しつつある。デジタル革命によって、組織はマーケットの状況に合わせてより小さく、よりスマートに、より機敏になることを要求されている。このことは、意志決定に必要ないくつもの階層を削減し、職務単位間の境界を撤廃することによって、かつてジェ

---

*1　John L. Holland（著）渡辺三枝子・松本純平・道谷里英（訳）（2013）『ホランドの職業選択理論―パーソナリティと働く環境―』雇用問題研究会.

ネラル・エレクトリック社の会長であったジャック・ウェルチが「境界のない（boundaryless）」組織（Welch, 1992）と呼んだものを実現させた。

組織の形が変わることによって、キャリアの形も変わる。21世紀ポストモダンの組織における被雇用者は、縛られることもなければ、根付くこともない。いまでは、組織は、標準的な仕事に非標準的な契約を混入させている。仕事は消えてはいないが、雇用数を減らすという手法によって、プロジェクトの開始と共に始まり、製品の完成と共に終了する契約に変えることによって、雇用形態が変化している。

映画製作を、プロジェクトの仕事としての典型例として挙げよう。プロジェクトのプロデューサーは、映画を制作するために、設定された期間内だけ働く、さまざまな技能を持った多くの専門家からなるチームを編成する。映画が完成するとチームは解散し、メンバーはそれぞれまた新しいプロジェクトの雇用先を探すことになる。多くの労働者が、2年さえも継続しない契約の下で働いている。1980年以降に生まれた人の半数以上が、5ヵ月以内に最初の就職先から離れている（Saratoga Institute, 2000）。このことは、新成人だけに当てはまることではなく、以前は安定した雇用と家庭を確保していた成人にも当てはまる。33歳から38歳までの間に新しい就職先に就いた人の39%が、1年以内に離職し、70%が5年以内に離職している。労働者の4人に1人が、現在の雇用者の下で働き出してまだ1年も経っていないのである（アメリカ労働統計局, 2004）。

不安定な労働者

安定した雇用がプロジェクトに置き換わっていく中で、ポストモダンの世界経済における仕事の多くが、人生に意味と価値を与える雇用形態から隔たりができて食い違っている（Kalleberg, 2009）。契約から契約へと何度も移行することには、当然、不確実性と不安がつきまとう。こうして、組織の雇用

減らしは、「不安定な労働者」を生み出している。**臨時雇い、派遣社員、日雇い労働者、契約社員、フリーランス、パートタイム、外部労働者、非定型労働者、非常勤社員、コンサルタント、自営労働者**などと呼ばれている労働者である。このような形態で働くかぎり、伝統的な雇用に伴う福利厚生を享受することはできない。失業保険、健康保険、年金などの、かつては当たり前と思われていたことが当たり前ではなくなっている。家を所有するというアメリカン・ドリームでさえ、多くの労働者にとっては遠いものになりつつある。今日の移動する労働力にとっては、住むためには借家の方が都合がいいのである。なぜなら家を所有すると、1つの場所にとどまらなければならず、そうすると限られた雇用者しかいないということになるからである。いまでも多くの人のために、官僚的な組織に結びつけられたキャリアが用意されていることを私は知っている。それにもかかわらず、われわれは不安定な労働者の時代に突入しつつある。彼らはもはや単一の組織に縛られることもなければ、同じ仕事に30年間根付くということもないのである。

　既存のキャリア理論は、不安定で急激に変化しつつある職業構造を十分説明できていないだけでなく、周縁部および組織外の労働者の要求にも応えきれていない。組織の中核で働いている労働者にとってさえ、確実で予測できるキャリアの筋道は消えつつある。確立された路線、伝統的な筋書きは消えつつある。今日の多くの労働者は、安定した雇用に基礎を持つ堅実な生活を発展させるのではなく、生涯を通じた学習を通じて、あるいは誰かが言ったように「生きるための学習」を通じて、柔軟性のある雇用される能力を維持していかなければならない。安定した生活条件の中で計画を立ててキャリアを発達させるのではなく、変化しつつある環境の中で可能性を見出しながらキャリアをうまく管理していかなければならない。

21世紀のためのキャリア理論とキャリア介入

　20世紀の会社は、人生コースのための特別に大きな物語を提供した。それは、起承転結と継続性のあるストーリーであった。その大きな物語は、安定した契約を伴う明確な軌道を描き、個人はその周辺で自分自身の人生を計画することができた。21世紀のキャリアについての組織のナラティブは、不確実であり不安定である。そのため、個人は組織との契約を中心として人生計画を立てることができない（Kalleberg, 2009）。彼らの行動のための羅針盤は、安定した社会における予定された航路を示すのではなく、流動化した世界における可能性を指し示すものでなければならない。境界のない組織が、個人にキャリア構造を提供することはありえない。そこで、現代に生きる個人には、これまで以上に自分自身の仕事生活の管理責任が問われる。人々は、企業が提供する物語を生きるのではなく、自分自身のストーリーの著者になり、ポストモダン世界における転職の舵を自分で取らなければならない。

　カーンは「職場の環境を保持する」と題した論文の中で、キャリア理論は境界のない組織の出現という問題に取り組む必要があると主張した（Kahn, 2001）。「**変幻自在**（protean）」と「**境界のないこと**（boundaryless）」が、新しいキャリアを象徴する2つのメタファーである。そして、キャリアは組織が所有するのではなく、個人個人が所有するものである。ホール（Hall, 1996b）は、組織ではなく個人が21世紀のキャリアを形づくると述べて、変幻自在のキャリア（protean career）という概念を作り出した。**変幻自在の**という形容詞は、柔軟で、変わりやすく、適応的であるということを意味する。ホールは変幻自在のキャリアを、自律的なもので、外因性の価値ではなく内因性の価値によって形づくられると描き出した。自律的な価値を追求していく中で、個人はアイデンティティとアダプタビリティという2つのメタ・コンピテンシーを使いながら、仕事という領域の航海図を描いていく。言い換える

と、2つのメタ・コンピテンシーは一体となって、個人に、いまこそ変化する時だという感覚と、変化する能力を与えるのである。ホールの変幻自在というキャリア概念は、内的な心理変数を凝集したもので、アーサーの境界のないキャリア（boundaryless career）の概念（Arthur, 1994）を補完するものである。単一の企業に結びついた安定性とは異なる。境界に限定されないキャリアは、組織を横断する身体的および心理学的流動性を特徴とする一連の役職によって構成されている。より大きなキャリア・コンピテンシー、たとえばアイデンティティとアダプタビリティのような能力を有する個人は、異動するためのより多くの機会を見出すことができる。

安定した構造と予測可能な軌道を喪失したことにより、いわゆる「人生コースの個別化」という状況が生み出された（Beck, 2002）。制度化された個人主義という、ポストモダン的な人生が発現した。その理由は、仕事は人生という軸を中心に回転して、さまざまな役割がぐるぐると回ってくるものでなくなったからだ。非標準化された仕事は、非標準化された人生を生み出す。個人は、もはや、それぞれが行う仕事によって自分の安定した居場所をこの世界の中に見出すことができなくなっている。

人生コースが個別化されたことで、個人は一人ひとり、いわゆる**バイオグラフィシティ**（biographicity）（Alheit, 1995）と**アイデンティティ・ワーク**（Sveningsson and Alvesson, 2003）といわれているものを使って、転職のための舵取りをすることが要請されている。バイオグラフィシティとは、個人が自分のことを語り、新しい、時には難解な経験を自分史の中に統合していくプロセスを意味する。アイデンティティ・ワークとは、人生の課題、職業的変転、精神的外傷によって引き起こされる不確実性を乗り越えていくためのアイデンティティの構成と再構成のプロセスである。それには、「一貫性と独自性の感覚の産物を構成し、建築し、修理し、維持し、強化し、再構成する」という解釈的活動が含まれる（Sveningsson and Alvesson, 2003）。バイオグラフィシティとアイデンティティ・ワークは、アイデンティティ資本を生み出す。経済的な資本は組織が供与するが、個人は自分自身のストーリーを認

識し、それを好きになり、活用することによって、自分自身のアイデンティティ資本を生み出さなければならない。アイデンティティ資本の生産を支援するため、21世紀のキャリア介入は、クライエントがライフ・ストーリーを構成し、統合された個性（character）がそれを用いて選択を行い行動する援助をしなければならない。

新しいパラダイム

　新しい理論は、古いアイデアの付属物でも、その延長でもない。キャリア理論の新しいパラダイムの構築は、バイオグラフィシティとアイデンティティ・ワークに基礎を置くもので、エンプロイアビリティ（雇用可能性）、アダプタビリティ、感情知性、生涯学習に焦点を当てた介入モデルを伴うものでなければならない。21世紀の職業を社会的に再編成することは、キャリア理論の根本的な整理し直しを必要とする。キャリア理論は、いままでとは異なった視点から構想され、新しい前提の下に精緻化されなければならない。
　たとえば、人の内に備わっている中核となる自己を実現するという近代的考えは、20世紀後半のキャリア・カウンセリングにとってはかなり役に立つものであった。しかし、21世紀のキャリアのためには、その考えは、本質的自己はアプリオリには存在しないというポストモダンの考えによって置き換えられなければならない。すなわち、自己の構成は一生を通じたプロジェクトなのである。この視点によれば、自己は、一連の特性によって定義された実体としてではなく、1つのストーリーとして見ることができる。
　言うまでもなく、自己実現と自己構成とでは、キャリア・カウンセリングに要求される視点は根本的に異なり、その可能性も根本的に異なる。ここで誤解のないように述べておくと、本書の考え方は、ホランドの差異心理学（Holland, 1997）とスーパーの発達心理学（Super, 1990）によってもたらされた実証主義的視点を尊重し、それに基礎を置くものであるが、ナラティブ心理

学を強調する構成主義的視点から出現したものである。ホランドとスーパーの伝統的理論は、正しくもないし誤りでもない。二人の理論は、職業ガイダンスとキャリア教育という仕事を組織化するために構成された一連の実践を具体化するものである。彼らの理論は重要であり有益であるがゆえに、維持されなければならない。しかしながら、それらの伝統的理論は新しい実践によって補われなければならない。その理由は、それらの伝統的理論をただ引っ張って伸ばすだけでは、柔軟な組織と流動化した社会に生きて転職する労働者の要求に応えることはできないからだ。

　しかるべくして、キャリア構成理論（Savickas, 2005）は、今日の移動する労働者の要求に応える。今日の労働者は、職業の再構築、労働力の変容、多文化主義の規範に遭遇して、不安や怒りを感じている。不確実性の世界においても、技能や才能を発達させることは重要であるが、しかし、しっかりと根を下ろした自己感覚に代わりうるものはない。それゆえキャリア構成理論は、仕事と関係性を通じた自己の構成に焦点を当てる。知識社会における幸福実現のために、一人ひとりが自分は誰であるかを自分は何をすべきかに関連づけて、自分の人生を手に入れなければならない。人生の職業を見つけるという課題から人生の職業を創造する方法にカウンセリングの方向を転換させるためには、人生設計に取り組み、人生において仕事をどのように用いるかを決定する介入の学問を必要とする。

本書の概要

　キャリア・カウンセリングのモデルを示す前に、第2章では、自己、アイデンティティ、意味、熟達、価値づけ（mattering）などの中核的概念について検討する。第3章では、クライエントが自己のキャリア・ストーリーを見直し、より深く理解し、統一性のあるもの、継続性のあるものにするのを援助するために、カウンセラーはどのようにナラティブ心理学を用いるのかを

説明する。第4章では、カウンセラーがクライエントにストーリーづくりのための質問を投げかけるキャリアストーリー・インタビューの枠組みとその要素について述べる。第5章では、クライエントが持ち続けている幼少期の思い出の中から、クライエントの捉われ（とら）（preoccupation）や現在の問題点を引き出すことを焦点化する評価目標について説明する。第6章は、クライエントの幼少期の思い出の中に彼らが提示している問題に対する解決法をどのように見出すかを述べる。第7章では、クライエントに適した環境、可能な台本、未来のシナリオを明らかにすることによってクライエントの職業的筋書きを拡張するために、キャリア・テーマをどのように使うかについて検討する。

　以上の章でキャリア・ストーリーの内容についての検討が終わるので、最後の2章では、評価の結果をキャリア・カウンセリングにどのように活かすかに焦点を当てる。第8章では、カウンセラーは、アイデンティティ・ナラティブをどのように構成すれば、クライエントの小さなストーリーを大きなストーリーへと再構成することができるかについて述べる。大きなストーリーは、選択することを明確にする内省性を促進する。最終章では、最初は探索と試行を通じて、次に意志決定と実行を通じて、意志を行動に変えることの重要性について説明する。この章は、キャリア構成カウンセリングの実例を示すレイモンドの事例で締めくくられる。

　用語集では、本書で使われている専門的な用語について解説する。

第2章
自己とアイデンティティの構成

　キャリア構成理論は、自己を構成することを課題とみなす。人は、意識を自覚するという人間独自の能力を用いて経験を内省し自己を構成する。自意識、あるいは意識についての意識には、言語が必要である（Neuman and Nave, 2009）。言語がなければ、内省は起こらない。そして、自己を形成するのは再帰的思考なのである。言語は自己を形成することに加え、主観的キャリアも形成するため、キャリア構成理論における決定的な要素となっている。

　客観的キャリアとは、人が学校に入学しリタイアするまでに占める一連の役割のことをいう。誰もが、他者が時間を通じて観察できるような客観的キャリアを持っている。しかし、主観的キャリアを形成することには、自己を形成するという課題と似ているところがある。主観的キャリアは、自分の仕事人生についてのストーリーを構成する思考、あるいは精神活動から浮かび上がるものである。それは、過去の役割を回想し、現在の役割を分析し、未来の役割を予測する精神活動を必要とする。主観的キャリアを形成するために、すべての人が十分な時間をかけて自分の仕事人生を内省するわけではない。また主観的キャリアは、いまここを生きているという意識だけでは構成できない。それは自己への気づき、特に過去から現在、そして未来への連続を作り上げる自意識的内省を必要とする。人間性に対するこの再帰的なプロジェクトには、言語の使用が不可欠である。

　キャリア構成理論は、言語を表象的なものとみなすこれまでのキャリア理論とは一線を画す。伝統的なキャリア理論は、言語は、前もって存在してい

た思考や感情を表現する手段を説明し提供するためのものであるとする認識論に立脚している。それに対してキャリア構成理論は、言語は社会的現実を構築も構成もするという考えに立脚する。1960年代にレニングラード（サンクトペテルブルク）で育った少女の最近の記憶からこの例を考えてみよう（Gorokhova, 2009）。10歳の少女が英語の宿題をしているとき、彼女は「プライバシー（privacy）」という言葉を見て混乱した。彼女の家庭教師は、「プライバシー」に該当するロシア語は存在しない、なぜならロシアにはそのようなものは存在しないから、と説明した。その少女は、西側の人々がロシア人が持っていない何かを持っていることを不思議に思った。

　われわれは、語ることで自分自身を形づくる。言葉は、意味を考え作り出すことを可能とし、生きていくための資源を与える。前に述べたように、キャリア構成理論は、本質的な自己の実現ではなく自己の構成に集中する。言葉は、先験的な、いわば本質的な自己に固着しているものではない。むしろ言語が自己概念を形づくり、自己を構成するのに必要な言葉を提供するのである。詩人のウォーレス・スティーヴンズは彼の詩『キー・ウエストでの秩序の観念』（Stevens, 1952）で、これについて次のように優美に説明している。

　　彼女が歌ったとき、海は、海自体どんなものであったにせよ、
　　それ自体彼女の歌となった。彼女が作り手だったではないか。そのとき
　　我われは、そこに独り悠然と歩く彼女を眺めるにつけ
　　思い知るのだ——彼女にとって世界とは、
　　彼女がそれを歌い、しかも歌いながら
　　作り上げた世界をおいて他になかったのだ。[*1]

　人はまた、内省性から生じる自己への気づきを適切に位置づけるために言語を用いる。言語は言葉によって過去を保ち未来を予測しながら自己を包含

[*1] ウォーレス・スティーヴンズ（著）加藤文彦・酒井信雄（訳）（1986）『場所のない描写——ウォーレス・スティーヴンズ詩集』国文社.

するので、ある意味われわれは言語の内側で生きているともいえる。言語は、自己を構成するのに必要な方法を提供するため、言葉が欠けることはそれに結びついた自己への視界も欠けることを意味する。自己構成のためのカウンセリングにおいて、カウンセラーはクライエントの言語にしっかりと注意を向ける。なぜならそれらの言葉が、クライエントの自己を構成し、人生が流れる道筋を築くからである（Kelly, 1955を参照）。自己についての新しい視点を形成し、仕事世界についての新しい展望を切り拓くために、クライエントは新しい言葉を必要とする。クライエントは新しい言葉を話しながら、新しい世界を作る。そしてその新しい世界は、これまでとは違ったシナリオと不慣れな行動に携わるための機会を提示する。

　人は話すことによって自分自身を実存のものとするが、自己を構成するために、人は言語だけではない何かを必要とする。人は内省する経験、特に対人関係の経験を必要とする。なぜなら、自己は外側から内に向かって作られ、内側から外に向かって作られるものではないからである。ヴィゴツキーが言及したように、「そもそも社会に存在しないものは自分の中に存在しない」のである（Vygotsky, 1978）。人は言語を道具として使いながら、自分の行動と社会との関係を調整する。したがって、自己は実際には自己構成的ではなく、能動的で協働的なプロセスを通じて共に構成されるものである。われわれは、自分自身と自分たちが生きる世界の意味を理解するために、互いを必要とし合う。意味づくりのプロセスの中で、個々の人間としての自己、という考えが生まれる。自意識をもって気づくことを通じて、自己はそれ自体を認識する。この自意識的に創造された、個々の自己という考えは、経験を語るストーリーによって成り立っている。ある意味、言語を通じて自意識的に内省することが自己を構成するプロセスであり、その結果として生まれるストーリーは、際立った出来事と好ましい特性という形式においてその自己を構成するための内容である。要約すると、自己とは、文化的に形づくられ、社会的に構成され、言語によって語られて発現した意識である。

アイデンティティ

　キャリア構成理論では、自己とアイデンティティが明確に区別される。自己はアイデンティティでもなければ、アイデンティティに吸収されるものでもない。自己はアイデンティティよりも大きい。社会科学の分野では、アイデンティティは多くの意味を持っているが、一般的には、人が社会における自己というものを理解することに関連する。キャリア構成理論においては、アイデンティティは、人が社会的役割との関係で自分自身をどのように考えているかということを意味する。役割における自己、あるいは役割アイデンティティとは、社会的状況または環境的文脈において、社会的に構成された自己の定義である。アイデンティティは、自己を社会的文脈の中に位置づけることによって、自己をスキーマとして位置づける（Markus, 1977）。

　アイデンティティ（identity）と呼ばれるスキーマは、社会的現実に対応しての自分自身の反応を媒介し影響を与える個人に課せられたパターンである。三段論法を使ってアイデンティティの形成を考えると、それは個人の正テーマ（自己）が世界の反テーマ（役割）に出会い、統合テーマ（アイデンティティ）を作り上げることと考えられる。

　このように、アイデンティティは心理学的自己と社会的文脈によって構成される。人は心理学的自己を対人関係の経験と文化的な表現に結びつけることによって、心理社会的なアイデンティティを形成し始める。やがて、人はこれらの特質を首尾一貫した統一された全体、すなわち信念、能力、興味を1つにまとめる1個のゲシュタルトを確立する。これらの特質が集められ統合されるとき、一貫性と連続性が働きアイデンティティが形成され、そして進展する（McAdams and Olson, 2010）。アイデンティティが結晶化するのは、人が、これが最適な場所だとはっきりわかるような1つの社会集団に参加するときである。この他者とのつながりを通して、人々は隣近所、教会、学校、そして

職場などのコミュニティという生活の場と一体感を持つ。こうして人は、正しく適合することが立証された安定したコミュニティの中で目的と価値を追求する。この観点からすると、職業を選択するには、ニッチ（個人を抱きとめる安全な場所）の構成が必要とされる。このことは、社会的に顕著な文化的台本を使いながら、自己の仕事役割を探求し明確にしようとする個人によって達成される。職業は、コミュニティ内で人々が花開くための方法を提供する。

アイデンティティは、心理社会的な構成概念として、自己、文脈、文化との接点に存在する。本書で示しているアイデンティティの見方は、集団よりも個人を重視する西洋社会のパターンに従っている。西洋心理学の個人主義的観点から見ると、アイデンティティを自分で著すことは個人的なプロジェクトであるとされる。それでもなお、マッキンタイアは、人はライフ・ストーリーを語るがそのストーリーの著者はその人だけではないと説明した（MacIntyre, 1981）。多くの出来事やその人以外の人々もまた、個人によって語られるストーリーの共著者である。

こうした見方は、集団主義者の文化の方によりうまく合うように見える。というのは、そこではアイデンティティが個人のプロジェクトであることはほとんどないからである。むしろ、アイデンティティは家族のプロジェクトであり、しばしば、コミュニティのプロジェクトでもある。個人主義的コミュニティであれ、集団主義的コミュニティであれ、個人のアイデンティティは共に構成される。しかし文化とコミュニティの違いによって、この協働作業における著者権限のバランスは、自己または他者のどちらかに傾くこともある。この著作権限のバランスを示すために、カウンセラーは、「選ばれた（chosen）」アイデンティティと「与えられた（conferred）」アイデンティティという用語を用いることもあるが、アイデンティティは、達成されたものであれ採用されたものであれ、基本的には共に構成されるものであるということは、念頭に置いておかなければならない。そして西洋的な観点から見ると、与えられたアイデンティティを有する個人もまた、自分たちの規範的アイデンティティをいかに個性的に演じるかということについては、選択を行って

いるのである。

　アイデンティティを形成していく過程で、人は選択を行い、関与する。人はその人の文脈における現実との関係性を選択する。人は自分の人生についての事実性と関与していく中で、現実に対していくらかの感情的な妥協をし、かなりの期間、それを未来に投影する。そうすることで、人は腹の底から確かだと感じる信念をしっかりとつかんで自分自身を保ち、混乱や矛盾した考えを体験しても、それらの信念にしっかりとしがみつくのである。選択し関与することによって、ある習慣的状態が形成されて、内的な欲求と外部からの要求をシンクロナイズさせる。仕事役割に関連していえば、ある職業を選択したと宣言すれば、人は他者に対して自分がどう思われたいのかを言明することになる。職業上の役割の選択とその台本に対する関与は、職業的アイデンティティ（vocational identity）として結晶化し、さらなる意志決定のための枠組みを提供し、エージェンシー（行為主体性）の感覚を強化する。

　アイデンティティは、自己の概念よりもはるかに変化しやすい。アイデンティティへの関与は、少なくとも一定の期間、1つの安定的な深みのある意味を確実に与える。それにもかかわらず、アイデンティティは文脈に反応し、さまざまな自己を呼び起こす。ホルスタインとガブリウムは、それを「自己創造の地理学（geographies of self-making）」と呼んだ（Holstein and Gubrium, 1999）。こうしてアイデンティティは、社会的地位という言説と対人関係という言説をうまく切り抜けながら、持続的に適応し変化していく。したがって、アイデンティティの発達は一生を通じたプロセスである。人はアイデンティティを繰り返し修正しながら、進行中のライフ・ストーリーに重要な新しい経験を適応させて統合していかなければならない。

　アイデンティティの発達や修正が加速するのは、現在のアイデンティティの内容が不十分になったとき、あるいは社会から課された一連の新しい要求に直面したのでその人を支えられなくなったときである。計画した通りに完結しないストーリーは、修正されなければならない。このような事態が起こったとき、人は不安を感じる。それは、自分を支え慰めてくれるアイデンテ

ティの保護なしで、難しい状況に立ち向かうからである。

仕事人生の領域では、このような不安は、おそらく職業上の発達課題、職業上の転機、あるいはワーク・トラウマによって引き起こされる。発達課題やよくある転機は、たとえばトレーニングプログラムの終了などのように、予想できて肯定的なものであろう。それと比べ、突然の失職などのように否定的で当惑させられるような、望まない転機や予期せぬトラウマを人は経験する。肯定的、否定的、どちらに受け取られようと、発達課題や転機、トラウマによって引き起こされた変化は、人の方向感覚を著しく失わせ、意味体系における混乱、葛藤、矛盾を生み出すのである。人がアイデンティティの感覚を失いつつあるとき、おそらくこうした感じが前兆として現れる。

仕事役割においては、明確なアイデンティティを持たずに動くことが、キャリアの優柔不断、あるいは不確実性として経験されることもある。人は、その経験を安定して満足できる意味の中に直ちに取り入れることができないので、初めはそれを不協和や不均衡と感じて何か厄介な感じになる。人は最初、そうしたズレ（dislocation）を既存のアイデンティティや意味体系の中に取り入れようとして繰り返し努力する。そしてある時点で、不協和は臨界点に達し、そのとき人は適応を通じてバランスを取り戻す必要がある（Brandtstadter, 2009）。アイデンティティの断片化と崩壊の後、人はアイデンティティを再統合するために、新しい言語とより幅広い言説を必要とする。人は経験を、現在の意味体系を念入りに組み立てること、あるいは新しい意味を創造することによって、既存のスキーマに合致させなければならない。こうして意味を作り出すためのアイデンティティ・ワークが本格的に始まる。より実現可能なアイデンティティの感覚、つまり、より緊密に統合され、より強化された安定性を特色とするアイデンティティを構成する。この適応を通じた順応が発達の原動力となる。

人がアイデンティティ・ワークを推し進めるためにキャリア・カウンセリングを求めるのは、たいてい大きな職業上の発達課題、重要な職業の転機、あるいは深刻なワーク・トラウマに適応する必要が生じたときである。より小

さい動揺の後で均衡を取り戻す方が簡単であるから、一連の小さな、しかし重要な問題への適応は発達を促進させる。意味における実質的な変容に対応するにはより多くの時間と努力を必要とするため、いくつかの小さな問題の集積、あるいは単一の大きな問題は、発達を行き詰まらせてしまう可能性もある。小さな課題の集積によるものであれ、単一の大きな課題によるものであれ、それによってアイデンティティが揺らいだり、また問題になったとき、その現在のアイデンティティでは、新しい社会的空間への移動を支えるには不十分になる。いままでにない、あるいは解決の難しい困難に適応するためにアイデンティティを作り替えるには、アイデンティティにおけるナラティブのプロセス作業が必要である。

ナラティブ・アイデンティティ

　アイデンティティはナラティブによって形づくられ、ナラティブの中で表現される（McAdams, 2001）。自己への気づきは、特性の羅列を通しても、あるいは数行の文章によってさえも得られるものではない。自己知識はストーリーに宿っている。アイデンティティについてのナラティブは、自己の解釈という形での理解を与え、それによって人は社会へ導かれる。ナラティブを通じて、人は、自己をあたかも別の誰かのように解釈する。ウィリアム・ジェームズの有名な説明が示すように、その「私」が「私に」について1つのストーリーを語るのである（James, 1890）。同様に、デンマーク人の小説家イサク・ディーネセンいわく、「人であることは、話すべきストーリーを持っているということである」（Christensenより引用）。われわれは自分自身のストーリーを認識しているときにのみ、自分が誰であるかを語ることができる。「私に」についてのそれらのストーリーが、われわれがアイデンティティ・ナラティブを処理して構成するための材料である。
　キャリア構成のカウンセラーは、**ナラティブ・アイデンティティ**（narrative

identity）という用語を、人がある社会的役割や文脈の中での自己について話すストーリーという意味で用いる。ある意味それは、哲学者ハンス・ゲオルク・ガダマーが、「われわれの存在としての対話」（Gadamer, 1960/1975）と呼んだものの具体化である。マクアダムスとオルソンは、ナラティブ・アイデンティティを、「人生に意味と目的を与えるために、青年期後期に人が発達させ始める内在化された進化しつつあるライフ・ストーリー」（McAdams and Olson, 2010）と定義した。

　人は、決まりきった仕事をするのをやめ生き方を変えようとするとき、ナラティブ・アイデンティティ・ワークを行う必要がある。ズレる（dislocation）という困難は、望ましくない不当なものとみなされるかもしれないし、あるいは人生を再構成し新しいストーリーの筋書きを始める機会として考えられるかもしれない。いずれにせよナラティブ・アイデンティティ・ワークは、いままでにない新しい経験や、厄介な社会的期待に関する影響を認識し分析するという積極的な努力を伴うものである。

　ナラティブ・アイデンティティという用語は、矛盾語法（oxymoron）——すなわち、矛盾する意味を持つ2つの単語を一緒にしてある特殊な効果を出す表現法——である。ラテン語で「同じ」を意味する *idem* に由来する *identity* は、永続性、類似性、繰り返しを暗示している。それに対し、*narrative* は、変化、相違、代替を暗示する。つまり、アイデンティティの安定性とナラティブの流動性は相反している。したがって、人は、いかに変化するか、しかし、いくつかの重要な点では同じままでいるかを語りながら、「ナラティブ・アイデンティティ」に忠実性と柔軟性を混ぜ合わせるのである。1つのアイデンティティ・ナラティブは、その本質的な意味を失うことなしに、長い時間をかけてアイデンティティを修正するライフ・ヒストリーとして語られる。それは自己に対するストーリー、すなわちライフ・コースで起きる継続的な変化に応じて自分自身になっていくという、ナラティブを語る。アイデンティティに対するナラティブのプロセス作業は、人が自分は変わりつつあるが誰になりつつあるのかわからない、と感じるときに起きる。社会的な場に自分を

再配置しようとするとき、人は、同一性を維持しながらも変化の理由を与えるナラティブ・アイデンティティを著述することが必要になる。人は、ナラティブの修正を行うことによって、アイデンティティの同一性の問題を解決し、いまあるズレの問題を解消するのである。

ナラティブ・アイデンティティを修正する過程で、人は内省と熟考を通して人生の中の秩序を確保しようとする。人は「ストーリーを進展させ続けるために」(Giddens, 1991)、自伝的な説明 (autobiographical reasoning) を使うことによって、転機を乗り越えようとする。会話によってストーリーを伝えることをマイクロプロセス (micro process) という。このプロセスを通して、人が自己と状況を理解しようと努めるとき、このアイデンティティ・ワークが進行する。自分を開花させるための方法を見つける探索の中で、通常、人は自分のライフ・ストーリーにおける意味のある変化、すなわちさらなる深み、複雑さ、叡智をもたらす変化として組み入れることのできる何かを学ぶ。この変化によって、世界ははっきりとした、そして人々がそれまで見てきたものとは少し違ったものになる。この新しい学びと意味という薬によって、バランスを回復する順応のプロセスが推進される。

アイデンティティにおけるナラティブのプロセス作業では、重要な出来事やエピソードについての小さなストーリー、**マイクロナラティブ**（micro-narratives）が集められる (Neimeyer and Buchanan-Arvay, 2004)。ほとんどの小さなストーリーは日々の出来事を扱うが、ナラティブのプロセス作業は通常、多くの場合、自己を定義づける瞬間や人生が変化する経験のような、重要な人物や重要な出来事に注目する。マイクロナラティブを使って作業をする中で、人は積極的にストーリーの糸を集め、統一された個人という感覚を作り上げるために、それを1つの織物に織り上げる。社会的な状況における自己について小さなストーリーを統合することによって、大きなストーリー、**マクロナラティブ**（macronarrative）が構成される (Neimeyer and Buchanan-Arvay, 2004)。小さなストーリーとは、特定の出来事を多かれ少なかれ客観的に報告する回想録のことである。それに対して、過去の経験に

現在の意味を割り当てるという理由で、大きなストーリーは自叙伝に似ている（Weintraub, 1975）。かつては孤立していた経験や出来事を大きなストーリーの中に位置づけることによって、それらはより広い意味を与えられる。

ナラティブ・アイデンティティのプロセス作業によって数々の経験を選び分け、経験時の気持ち、その経験に堆積している価値観、態度、習慣などから、ライフ・ヒストリーという大きなストーリーを語るための、1つのマクロナラティブが作られる。自分が構成した世界の中で、その人はひとりの登場人物になる。そのマクロナラティブは、パターンと進捗について語りながら、人生に意味と実体を与えていく。マクロナラティブは、どのようにわれわれがその世界を組み立てるかを語りながら、われわれの自己というものをわれわれの自己に対して説明する。それはまた、われわれの自己を他者に説明するものでもある。ライフ・ストーリーを他者に語ることは、われわれが自分についてどう思っているかを結晶化させるだけでなく、他者に、われわれについてどのように思ってほしいかを知らせることにもなる。人は、そのマクロナラティブを必要に応じて修正する。そして、いま直面している課題——すなわち、自分のライフ・ストーリーの以前の版であったならば適応することができない困難——を理解し立ち向かう。ナラティブ・アイデンティティのプロセス作業が成功すると、人は新しい場所に移動する方法がわかるようになる。

ナラティブのプロセス作業というアイデンティティ・ワークは、**自伝作業**（biographical work）とも呼ばれる。**自伝的語り**（biographicity）とは、新しくて時には困惑を招くような経験を自分の伝記の中に体系づけ統合するための、個々人が自己を参照する能力のことを意味する（Alheit, 1995）。クライエントがズレや中断を転機とみなせるように支援することによって、カウンセラーはクライエントの自伝的語りを育成する。それに続く自伝作業によって、その難局について考えさせ、何が危機に瀕しているのかを熟考させ、取りうる選択肢を明確にさせる。新しい経験と知識に順応するために、クライエントとカウンセラーは、クライエントが知っていることとその意味を協働

して作り直し変容させる。この対話によって、カウンセラーは、クライエントの自伝的エージェンシーの感覚を強化し、クライエントがそうした断絶を乗り越える筋立てを構想できるように促す (Heinz, 2002)。最も望ましい適応とは、統合を強化し安定性を高めるために意味体系を再編成することである。それは、人々が使う生成力のある構造を生み出し、当初は断片化と不安定性を引き起こした経験を乗り越えられるようにする。結局、その再編成された意味体系により、過去から未来への移行がうまく管理されるようになる。このより広くより深くなった意味体系は、人生の課題、職業上の転機、ワーク・トラウマの要請に対処する自伝的エージェンシーの感覚を増大させる。

　このようにして、カウンセリングの中で、自己を失うことなく転換を図る連続性の感覚が再確立され精巧に作り上げられていく。そしてクライエントは、過去を保ち同時に変化させながら、前に進めるようになる。意味体系の再編成は、クライエントがライフ・ストーリーを語り始めたときに始まる。

ストーリーとしてのキャリア

　人は、自分のアイデンティティにライフ・ストーリーを伝えるマクロナラティブを刻み込む。ストーリーを語ること、特に、人生における断絶について語るストーリーを作り上げることが、アイデンティティ・ワークの本質である。ストーリー、あるいは少なくともカウンセラーが興味を持つようなストーリーは、予想外の出来事への反応として生まれる。ストーリーは、予期せぬ出来事、あるいは不適切な出来事に意味を与えようとする。すべてが予想した通りに進むならば、ストーリーはまったく必要ない。たとえばショッピングモールへ買い物に行くとき、予定した通りに着けばストーリーは必要ない。しかし、道に迷ったり、途中でパンクしたりすると、そこにストーリーが生まれる。このようにライフ・ストーリーは、正常で、適切で、予測でき、正当であるものの崩壊、あるいはそれからの逸脱について語る。それは、

人が何を欲し、何が不足し、あるいは何が必要かということと同様に、その人がどのように傷つき、あるいはつまづくかを物語る。それらの問題、苦境は、起こるべきことと起きていることの間の断絶を象徴している。それらは、他人に期待していたものと、受け取ったものとの間の食い違いについて語る。ブルーナー（Bruner, 1990）によれば、人はストーリーを用いて、これらの崩壊や逸脱を理解するのである。

職業上の筋書き

　ストーリーは、変化を説明し、意味で断絶を埋めようとする。そのために人はストーリーを作って出来事を順番に並べ、それを理解しようとする。たとえば時計の「カチ（tick）」はストーリーではないが、「カチカチと鳴る（tick-tuck）」とストーリーになる（Kermode, 1966）。美術学芸員のジョン・ボールデサリは、「2つのものを合わせるやいなや、そこにストーリーが生まれる」（O' Sullivan, 2006 より引用）と述べた。しかし、出来事を時間順に並べた年代記的な連続は、単に終わるだけである。出来事の連続に筋書きができると、さもなければ行き当たりばったりと感じる経験に、説明と結末が付け加えられる。筋書きは出来事の連続を、始まり、中間、終わりのある首尾一貫した全体として組み立て、同時に、それ以外のものは無視しながら、いくつかの事実を顕著に浮かび上がらせる。結末や結論は、年代記にはないナラティブの終結をもたらす（White, 1981）。E・M・フォスターは、ストーリーは何が起きたかを語るが、筋書きはなぜ起こったかを語ると説明した（Forster, 1927）。彼はストーリーと筋書きの違いを次のような例で示した。「『王が死んだ、そして次に王妃が死んだ』は、そこに順序があるからストーリーである。これに対して、『王が死んだ。そして悲しみのあまり王妃も死んだ』は、そこに因果関係があるから筋書きである」。キャリア構成理論の中では、履歴書に記載された職業上の地位の連続が、客観的キャリアを年代順に記録するものである。それぞれの職業は、キャリアという一篇の小説の中の短編小説と見ることも

できる。そして、それぞれの職業の間のつながりや関係を説明することによって、客観的キャリアは「筋立てされ」、そうすることによって、主観的キャリアが構成される。**筋立てする**（emplot）とは、簡単に言えば、さまざまな要素を筋書きのあるナラティブに組み立てることを意味する（Ricoeur, 1984）。

　キャリア構成理論では、アイデンティティ・ナラティブは、いくつかの短いストーリーからなる一篇の小説に似ている。マイクロナラティブは、短いストーリーとなり、人はそれをつなげて1つの長いストーリーあるいはマクロナラティブを形づくる。小さなストーリーは、大きなストーリーを作る際にその人が選ぶ出来事やエピソードの候補を提供する。一つひとつの短いストーリーをナラティブ・アイデンティティへと筋立てすることによって、個人はマクロナラティブを描く。筋立てによって、個々の小さなストーリーが結論へ向けて順番に配置される。筋立てにはそれら小さなストーリーが使われ、人生というより大きく壮大なストーリーが描き出され裏付けされる。さらに筋立てによって、多様な出来事やさまざまなエピソードが構成され1つの部分－全体構造となり、それら各部分は全体との関連で見たときの意味を獲得する。メロディーにおける音符に似て、各部分は全体の中に置かれている。聴く人は、メロディーと1つの音符を同時に聴くのではない。人は、すでに出された音、いま聴いている音、次に期待する音を統合した全体としてのメロディーを体験するのである。筋立てしてマクロナラティブを作ることによって、人生は全体的なものになる。なぜなら、人はそれによって1つのパターンを認識するからである。マイクロストーリーが集積しそれぞれが一貫したものになるにつれて、再現、繰り返し、連続性という、暗に示された1つのパターンが明らかになっていく。そして、人生におけるそのパターンが、自分自身と他者に対する人、を明らかにするのである。

　個々の短いストーリーの中に暗に示されたパターンは、いくつものマイクロナラティブを貫く1本の線と考えられる。この「一貫した線」は、色とりどりの映像を通す発達の中心線をたどることによって、個々の小さなストーリーを統一してマクロナラティブを作る。それはライフ・ストーリーという

ビーズがつながるワイヤーである。その一貫した線がアイデンティティ・ナラティブを理解できるものにするのは、それが小さなストーリーにパターンを作るからである。ギリシャ神話はこの一貫した線を、テーセウスを暗い迷路のトンネルから外界へと導いた金の糸として象徴した（Graves, 1993）。このあと読者が見るように、ライフデザインカウンセリングは、ひとりの人間の金の糸に注意を集中する。カウンセラーは、クライエントがウィリアム・スタフォードの『*The Way It Is*』（Stafford, 1999）という次の詩を心から理解してカウンセリングを終えることを願っている。

> あなたがたどる1本の糸がある
> それは変わりゆく事物の間を通る
> しかしそれは変わらない
> 人はあなたを見て、何を追い求めているのだろうと怪しむ
> あなたはその糸について説明しなければならない
> しかしあなた以外の人がそれを見るのは難しい
> その糸をつかんでいる間、あなたは道に迷うことはない
> 悲劇は起こり、人は傷つき、人は死ぬ
> そしてあなたも傷つき、歳を取る
> 時が進むのをだれも止めることはできない
> あなたは決してその糸を手放してはいけない

キャリア・テーマ

1本の一貫する線である金の糸によって織られるパターンのことを、**テーマ**（theme）と呼んでもいいだろう。その金色のテーマとは、筋書きの中に暗に示された支配的な考え方のことをいう。その中心となる考えによって織り込まれた主題的なパターンが、職業上の筋書きにおける事実を理解するための原単位を与える。そのキャリア・テーマ（career theme）は、繰り返し現れ

ながら、人生を全体的なものにする1つの統一的な考えをもたらす。

　人が新しい経験を組み込むとき、人は、暗に示されたテーマを用いて、それらの経験に意味のパターンを当てはめ、筋書き的なエピソードを理解する。人が困難や崩壊に直面したとき、マクロナラティブのテーマの中に繰り返すパターンによって、秩序と全体に関わる目標が与えられ、そして行動が促される。

　キャリア構成について考えるとき、そのテーマは1つの動く視点を示し、その視点によって、過去の記憶、現在の経験、そして未来への願望に個人的な意味が与えられる。人が学校に入り退職するまでに直面する職業上の課題、職業上の転機、およびワーク・トラウマについて、自分で意味を明確にするストーリーが、キャリアの本質的な意味とキャリアを構成する力動を明らかにする。キャリア構成理論で考えることは、簡単に言えば、人は職業行動に意味を与えることによって、それぞれのキャリアを構成するということである。その意味は、暗に示されたテーマの中に加わり、そしてそのテーマは、職業上のアイデンティティについてのマクロナラティブを構成する明確に表現された筋書きを縫うように貫いているのである。

　ナラティブ・アイデンティティを構成するときに、人は時間を横切る同一性という課題に対処するということを思い出してほしい。この連続性はテーマによって象徴されるが、それは、人生に対する目的を持った態度をはっきりと示し、その人生が捧げる考えを明確に述べる。マクロナラティブにおけるテーマは、マイクロナラティブの多様性にもかかわらず、いかに人が自己と同一であるかを確かめる。すべてが変化しているように見えるときでさえ、そのテーマは同一のままである。キャリア構成理論が主題的な統一に注力するのは、それが仕事人生にパターンを作る動機と意味を伝えるからである。ウィーン古典派の音楽におけるモチーフの発展と同様に、そのテーマは人生を歌わせる。ベートーベンは、運命がドアをノックするという短いテーマから第5交響曲の全楽譜を生み出した。人々がその交響曲を聴くとき、4つの長い楽章を通して展開するテーマを意識的に追いかけることはない。それにもか

かわらず聴く人はその交響曲を、必ず統合された全体として聴くことになる。ナラティブ・アイデンティティの中にテーマを認識することによって、人は自己を当然、統合された全体として見ることができるようになる。それは自己を見つめ自分自身を他者に説明する重要な方法を提示する。

　交響曲のように、人生にも複数のテーマとなる糸があり、それぞれのテーマが相互に強め合いパターンを形成する。このパターンは、統一された人生交響曲の本質的な特色である。複数のテーマがある場合、「統一していく自己(unifying self)」が本質的なあり方としてそれらのテーマを結合し、唯一の目的というイメージを作り出す。このような精神内部を統一するという、単純化され自己防衛的な幻想によって、情緒的な安定性が醸成される（Bromberg, 2006）。したがって、カウンセリングにおいては、カウンセラーは通常単一の支配的なキャリア・テーマに集中する。クライエントの職業上の筋書きを理解し意志決定と問題解決を最も適切なものにするにはそれで十分だと考えるからである。もし、カウンセリングが、親密なパートナーとの関係や、あるいは他の人生領域に広がったならば、さらにいくつかの主要なテーマが必要となる。要するに、カウンセラーは、単一のキャリア・テーマ、あるいは一貫した線を頼りにクライエントの職歴やエピソードを集めて筋立てするが、必要な場合は、複数のテーマをより多くの層からなる複雑な全体へと織り上げることもあるということである。

　単一のテーマに頼っているときでも、すべての小さなストーリーが本線に従わなければならないということはない。おそらく、いくつかのマイクロナラティブは、マクロナラティブ内の例外や複雑性についても語っていることだろう。アイデンティティ・ストーリーには、明快で統一されたストーリーを維持するために、ある程度の一貫性と連続性が求められる。しかし人生の中には複雑なものもあり、クライエントの中には他の人よりも複雑なテーマを有している人もいる。そして、複数の筋書きを生きている人もいる。それゆえ、あるアイデンティティ・ナラティブが色とりどりの映像であったらば、それはおそらく、相互に補完し、混乱し、葛藤し、混沌とし、あるいは矛盾

する複数のテーマを象徴しているのかもしれない。ウォルト・ホイットマンは、『ぼく自身の歌』（Whitman, 1855）で以下のように書いている。

　ぼくが矛盾しているのかい、
　それならおおいに結構、ぼくはたっぷり矛盾してやる。
　（だってぼくは大きくて、中身がどっさり詰まっているんだ）[*2]

　自伝的な説明は、矛盾した見解、不可解な行動、一貫しないテーマの中から、均一性ではない何らかの統一を創り出そうとする。この統一は、多様性を均質化することなく統合する、適度に複雑な方法によって実現されなければならない。そのような複雑な人には、交響曲のメタファーではなく、さまざまな角度からあるテーマを即興演奏するジャズのメタファーの方が適している。自伝的な説明は、表面下にある形を明らかにし、不協和なストーリーの間に存在するハーモニーを浮かび上がらせるようなアレンジによって全体を完成する。

　テーマは――明快であれ複雑であれ――それによって仕事の場に関心事が持ち込まれる。そしてその関心事は、個人を構成し自己を定義してアイデンティティを表現するときに最も重要になる。これによって、何か極度に個人的なものの外部形式として仕事が出来上がる。キャリア構成理論では、ライフ・ストーリーにおける、テーマが重要なのである。テーマはその人が人生において問題にさらされていることから構成されている。そして、テーマはその人にとっても他者にとっても重要である。一方でテーマは、仕事に意味と目的を与えるという点で一人ひとりにとって重要なものである。それは、自分がやることに対して自分自身の関心を向けさせる。他方で、その人が何をし、社会に何を貢献するかということが、他者にとっては重要である。自分が行うことは他者にとっても重要であるという信念が、アイデンティティをはっきりさせ、社会的愛着の感覚を促進する。何が最も重要であるかという

[*2] ホイットマン（著）酒本雅之（訳）（1998）『草の葉（上）』岩波書店．

ことが、人が経験を評価するために使う価値観という地平を形づくる。価値観は、個をより広い現実やより大きなストーリーに結びつけるので、価値観によって、アイデンティティ・ナラティブを道徳的で美的なプロジェクトに構成していく際の関心事がはっきりと示される。この、より高次の意味のパターンは、強さ、知、美、平等、奉仕、関係性、正義というテーマについての、普遍的な価値観として表現することができる。より高次の意味のパターンとは、ストーリーの教訓ではなく、職業上の筋書きの中で追求される主題となる目的である。

客観的キャリア vs. 主観的キャリア

　テーマと筋書きを同一のものと見る著述家もいる。しかし私はそうではない。私は筋書きとテーマを、ナラティブ・アイデンティティの2つの視点と考える。アイデンティティ・ナラティブは、具体的な筋書きと、一生涯の旅についての抽象的なテーマの両方を含んでいる。旅は、あらゆる成長、学習、そして自己発見の根底にあるプロセスに対するメタファーである。明確な筋書きは、**外的な旅**（outer journey）にとって重要である。それが劇的な出来事、危機的な状態、人生を定義する瞬間、そして確実な目標を目指した協調的な行動を伝えるからである。筋書きは、確かな目標を目指し、自己を社会的文脈の中に精巧に作り上げるための探求について語る。これに対して、暗に示されたテーマは、**内的な旅**（inner journey）にとって重要である。それが、欲求や願望に伴う中心的な葛藤によって形づくられる情緒的な冒険物語を語るからである。根底にあり暗に示されたテーマは、マクロナラティブの筋書きに意味と目的を付加する。それは情緒的な変容を伝えるが、筋書きに比べ、より時間に影響されず抽象的である。

　キャリア構成理論は、キャリアをストーリーとして、あるいは人が占める地位の連続として見る。その地位の連続が、客観的キャリアにおける個々のエピソード、すなわち公式に観察でき記録されるものとして集められ、1つの

職業上の筋書きとなる。個人的なテーマは、主観的キャリア、すなわち人が個人的に体験したキャリアを形成する際に、一貫性と連続性を与える。筋書きとテーマはどちらもキャリア、前者は客観的で後者は主観的、と考えられるが、キャリア構成理論は客観的キャリアを職業上の筋書きと呼び、主観的キャリアをキャリア・テーマと呼ぶ。成功や失敗といった客観的結果は、職業上の筋書きの一部であり、満足感や欲求不満といった主観的な結果は、キャリア・テーマの一部である。要約すると、ストーリーは何が起こったかを述べ、筋書きはそれがなぜ起こったかを語り、テーマはそれが何を意味するかを説明する。

キャラクター・アーク

　キャリア・テーマは、キャラクター・アーク、あるいは全体に関わるナラティブの糸をつなぐ。**アーク**（arc）とは、**全体に関わる**（overarching）という語の短縮形である。それは、主題的な線が、たとえば緊張が生じてそれが解けるというような、ある特定の形を持たなければならないという意味ではない。そのアークが解消のない繰り返しを示すものだとすれば、その形として直線もありうる。肝心なことは、キャラクター・アークは、それが展開するとき、その人の一番の動機と大きな刺激についての状態を伝えながら、マクロナラティブ全体にわたって広がっていくということである。キャラクター・アークは、ある本質的な問題に関して、人がどこから出発し、いまどこにいて、どこで終わるのを望んでいるかを描き出す。キャラクター・アークは、人を動かす刺激から始まる。一般的にそれは、人生で欠けている何か、人が必要としているか、あるいは切望する何かについてのものである。この限界、あるいは弱さを克服するために、人は欲求を満たすゴールを達成しようとする。人は、アイデンティティ・ナラティブに着手する契機である欠陥を修正しようと努力する。心の内部の暗闇から外界の光を目指して動くとき、人は、恐怖、限界、障害、心の傷と格闘する。そのうちに、人は、いかにして逆境

を乗り越え自らの欠点を克服し、以前よりも向上した何かになるかを学んでいく。

　この欲求からゴールへ向かう歩みによって、人は成長し、発達し、学びながら変容していく。たとえば、恐怖は勇気になり、孤独は関係性になる。オプラ・ウィンフリー[*3]は、「私は、確かに愛されもせず孤立していると感じる小さな幼い黒人の子どもとして育ったわ——その頃の私の最も強い感情は、孤独感だった。そしていま成人になって、まったく逆のことが私に起きたの」（McAdams, 2008 より引用）と語った。しかしながら、孤独感は必ずしも関係性で解消される必要はない。それは解決されるべきものである。カルト映画の監督であるジョン・ウォーターズは、孤独と感じることから、独りでいることを学ぶことへと進んだと述べた（Waters, 2006）。欲求からゴールへの変容はまた、最大の長所は最大の短所でもあるという昔からの諺を説明する。この変容が人格の中核——すなわち、人を定義し筋書きを動かす力を説明するキャラクター・アークを象徴している。

　クライエントの小さなストーリーに耳を傾けるとき、カウンセラーはその話に注意を集める方法を持っていなければならない。さもなければ、カウンセラーは短いストーリーの集まりを、キャラクター・アークを持ったテーマに再構成することができなくなる。クライエントのマイクロナラティブを聴いて理解するという体系的なアプローチには、パラダイムが必要である。ソナタ形式が音楽思考を体系化できるように、キャリア構成のカウンセラーには、クライエントのストーリーを体系化するための1つの形式が必要である。テキスト論がこのパターンを提供するが、そのパターンを用いれば、マイクロナラティブのある特定の要素に密着した聴き方ができるようになる。

　文芸評論は、ストーリーを理解するために必要な、精読のためのさまざまな理論を提供する。ブレスラーは、ストーリーがどのようにキャリアを構成するかを聴くのに役立つ文芸評論の11の主要な理論を説明した（Bressler,

---

[*3] アメリカの人気テレビ番組『オプラ・ウィンフリー・ショー』の司会者。俳優や慈善活動家としても著名。

2006)。その中には、神話（ユング派）、精神分析（フロイト派）、構造主義（システミック）、ポスト構造主義（脱構成）、マルクス主義（経済）、フェミニスト（文化的）が含まれている。これらの各理論は、ストーリーを理解するためにあらかじめ予想と戦略を立て、ストーリーの中の異なる要素にわれわれの注意を向けさせる。これらの読み方の戦略は、ナラティブから意味を生成するための準拠枠を形づくる。キャリア構成カウンセリングのための聴き取り戦略を、**ナラティブ・パラダイム**（narrative paradigm）と呼ぶ。ナラティブ・パラダイムは非常に効果的であるように見えるが、カウンセラーは、その戦略がただ部分的で位置的な視点を提供するにすぎないことを受け止めている。

ナラティブ・パラダイム

　クライエントのストーリーをキャリア構成の理論的観点から直接取り扱うために、カウンセラーは、ナラティブ・パラダイムを適用してクライエントの伝記的ストーリーを体系化する。**ナラティブ**とは、ストーリーを表し、**パラダイム**は、パターンあるいはモデルを表す。したがって**ナラティブ・パラダイム**は、マクロナラティブのキャラクター・アークを見つけ出すためにカウンセラーがクライエントのマイクロナラティブに適用する理解の様式、あるいはパターンに言及する。ナラティブ・パラダイムは、基本的には統合的な概念の枠組みであり、アイデンティティのマクロナラティブについてのある特定の理解を合成して作る。

　ナラティブ・パラダイムは、クライエントの経験、期待、説明の間につながりを作るためのある単一の原理に基礎を置く。この心理学的な原理は、カナダの哲学者チャールズ・テイラーによって、「われわれが、人生を1つの追求としてナラティブな形式で理解しなければならないのは不可避である」（Taylor, 1992）と明確に述べられた。その追求とは、数々の試練と苦難に打ち克つことによって、心に空いた穴を埋めるということを意味する。逆境は追

求を駆り立てる精神的な緊張をもたらす。逆境についてのクライエントの見方が、人生ドラマを組織立てする基本的な原理を形成する。

　人生を1つの追求として見ることは、多くの心理療法に見られる本質である。たとえばアドラーは、人の「動きの線」あるいは**ライフライン**（life line）を、否定的に感じられたものから肯定的に知覚されたものへの手続きとして描いた（Adler, 1956）。また、ヴィクトール・フランクルは、苦境を達成に変えていくにつれて、人は悲劇から勝利へと移動すると書いた（Frankl, 1963）。またユング派の分析家は、個性化は不可思議から意味へと移動することを伴うという（Hollis, 1993）。人は、成長期における問題についての自己形成的で自己達成的な解決に向かって環境に働きかける。人は自分を発達させ、自分のライフ・プロジェクトを追求するために使う材料と資源を現実世界から集める。

　アドラーのライフラインの構成のほかにも、多くの一貫する線やライフ・テーマの構成概念が、パーソナリティ理論の中で中心的な役割を果たしている。オルポートの「プロプリウム」（Allport, 1961）、バーンの「台本」（Berne, 1972）、エリクソンの「自我同一性」（Erikson, 1968）、ケリーの「中核的役割」（Kelly, 1955）、レッキーの「自己の統一」（Lecky, 1945）、マクアダムスの「贖罪的自己」（McAdams, 2008）、マレーの「統一テーマ」（Murray, 1938）、ライヒの「性格」（Reich, 1933）、サルトルの「プロジェクト」（Sartre, 1943）などである。チクセントミハイとビーティーは、一生涯の主題的な活動におけるキャラクター・アークの最も明確な説明を提示した（Csikszentmihalyi and Beattie, 1979）。すなわち、「ライフ・テーマは、人が他に先がけて解決したいと思う1つまたは一連の問題と、解決するために見出す手段によって構成されている」。このようにキャリア構成理論は、人は捉われている問題と、採用した解決策のまわりに自分の人生を体系づけるものであるという考えに依拠するのである。

　ライフ・テーマは、未完の状態と不完全に形成されたゲシュタルトとしての幼少期にその源を発する。この意味でテーマは、その断絶を埋め、あるいはそのストーリーを完結させたいという切望を携える。人は、克服し超えた

いと思う環境的な限界、破壊的な出来事、個人的な欠乏を言語によって描き出す。人はライフ・テーマを、容易に活性化させる認知的枠組みとして使い、環境の中にある潜在的な利益を探し求めようとする。

　キャリア構成理論にとって最も重要な例が、人は、全体性の漸進的な実現に向かって動くのに役立つ仕事を探すということである。全体性に向けたその個人の漸進的な自己修養の間に起きた一つひとつの変容が、そのキャラクター・アークによって明らかにされていく。そのキャラクター・アークは、人が他に先がけて解決したいと思っている問題、テーマの核心、そしてそのテーマへの捉われによって支えられている。

　ブルース・スプリングスティーンは、テレビ番組『60ミニッツ』の中で、スコット・ペリーのインタビューに答えてこう述べている。「立派な小説家や映画製作者は、誰もが完全に背を向けることのできない、人の心をつかんで離さない何かを持っているんだ。だからわれわれの仕事は、われわれの強迫に観客の目を向けさせることなんだ」(Pelley, 2007)。またアンデルセンは、ヘンリエット・コリンへの手紙の中で、「ぼくは自分に覆いかぶさっている苦悩を大切にしなければならないのです」と書いた（Simon, 2005 より引用）。アンデルセンの最後の物語『歯いたおばさん』(Andersen, 1872) の中では、もっと端的にこう書かれている。「大詩人は大いなる歯痛を持つ」[*4]。

　痛みの原因が強迫であれ歯痛であれ、苦痛を減らすことは、人生の追求における重要な目標である。アメリカの心理学者ウィリアム・ジェームズが日記に書いているように、試練や苦難に打ち克つために、「人は、運命とある種の提携をするくらいになければならない。そして悲劇はわれわれの中心にあるのだから、日々それを避けようとするのではなく、それに向き合い、それが自分の目的になるまでやるべきだ」（Barzun, 1983 より引用）。

　受動から能動への一連の動きについての最も力強い声明を、ミルトンの『失楽園』(Milton, 1667) に見ることができる。悪魔のルシファーは地獄に着くとすぐに仲間にこう告げた。「時が経つうちに、やがては、これらの責め具もわ

---

*4　アンデルセン（著）大畑末吉（訳）(1984)『完訳 アンデルセン童話集（七）』岩波書店.

れわれの元素(エレメント)となる」。この文章は私にとっては、試練や苦難を乗り越えることによって、人は自分を反対のものに変容させるということを意味している。

すでに述べたように、恐怖は勇気に変わり、孤独は関係性に変わる。人の最も強い能力は、その人が解決した問題に対する解決策から生まれる。フロイトはこの考えを、彼の理論の基本的教義としてこう伝えた（Freud, 1953）。「かつてエスであったところを自我にしなければならない」。つまり、「かつて問題があったところのものに、私はならなければならない」のである。

犠牲者から勝利者への動きの中で、人は緊張（tension）を意志（intention）に、捉われ（preoccupation）を職業（occupation）に、強迫（obsession）を専門（profession）に、否定（negative）を肯定（positive）に、弱さ（weakness）を強さ（strength）に、レモンをレモネードに変える。人は、受苦したものを能動的に習得することを通じて、症状を強さに転換する。このことは、いかにして発話障害のある少年はギリシャの雄弁家デモステネスになったか（Worthington, 2001）、そして痩せこけて弱虫だったアンジェロ・シチリアーノという少年が、他人からいじめを受けていたにもかかわらず、いかにしてチャールズ・アトラスという有名なボディビルダーになったのかを説明する（McCarthy, 2007）。

熟達を目指した反復はライフ・テーマを組み立てる。フロイトは、反復強迫はキャラクター・アークを形成すると説明した（Freud, 1948）。否定的な経験を象徴的な意味で反復し追体験するというこの強迫観念は、過去の逆境を反対のものに転換することによって、あるいは少なくともそれを乗り越え、それに慣れ、それを我慢することを学ぶことによって、それを取り去る、あるいは熟達しようとする努力の表れである。1953年のディズニー映画『ピーターパン』の最初のセリフでピーターパンが言うように、「これらすべては以前に起きたことがあり、また起きる」（Disney and Luske, 1953）。フロイトは、熟達を伴う反復を成長とみなし、熟達のない反復を神経症とみなした（Freud, 1948）。問題を繰り返すたびに、人はより効果的にそれに対処し、その結果人

---

*5　ミルトン（著）平井正穂（訳）(1981)『失楽園（上）』岩波書店.
*6　フロイト（著）懸田克躬・高橋義孝（訳）(1971)『フロイト著作集1　精神分析入門』人文書院.

は安定と統合を強化する。もちろん、しばしばアインシュタインによるものとされる狂気の定義、すなわち「同じことを何度も何度も繰り返しながら違う結果を期待する」で述べられているように、熟達のない反復は精神疾患になる。われわれの人生は、熟達を伴う反復か、あるいは伴わないのか、どちらの方法によってストーリーを展開するかに依存している。

　キャリア構成は、ナラティブ・パラダイムを使うことを選択する。というのは、それがクライエントが受苦したものを能動的に習得するという出来事の展開を知るために、カウンセラーがその人のストーリーを聴くということを意味するからである。ストーリーを聴くことによって、カウンセラーはクライエントがいかに緊張を意志に換えようとしているのかを知り、それによって、いかにして捉われ（preoccupation）が職業（occupation）になるのかを明示する、主題となるキャラクター・アークを明らかにすることができる。

　キャリア・テーマの主眼は意味づくりにある。職業上の筋書きは、本来は関連するエピソードの連続を描いたものでテーマによる内面的な統一がないため、それだけではキャリア・カウンセリングには不十分である。職業上の筋書きは、個人的な意味を持たずに活動を語るものである。それはエージェントとしての自己を描き出すが、著者としてのものではない。意味を認識するために、カウンセラーは解釈学的な実践を用い、「いまここ」を「あの時あの場所」に立脚させる1つのテーマを探す。部分を知る主要な方法のひとつは、それが何かの一部であるということを認識することである。このようにして、カウンセラーは、職業上の筋書きとキャリア・テーマの間の円環的相互作用――すなわち筋書きエピソードの詳細と全般的なテーマを関連づけ、それからその特定のエピソードあるいは他のエピソードに戻る――を通じて意味を探り当てる。キャリア構成理論においては、具体的から抽象的へそしてまた具体的へというこの動きが、筋書きとテーマがバランスを取るちょうどよい地点に漸進的に落ち着いていく。筋書き的な部分の全体への関与を通して、テーマがそれに深い意味を与えるとき、一体感が結晶化する。最後に、その筋書き全体にわたり暗に示されたように繰り返していたテーマがより顕

在化して現れる。

　意味づくりにおけるこの解釈学的な実践を通じて、カウンセラーは、クライエントの職業上の筋書きに既成のテーマ、たとえば、ホランド（Holland, 1997）の類型論（R：現実的、I：研究的、A：芸術的、S：社会的、E：企業家的、C：慣習的）のようなものを当てはめたいという誘惑を抑える。構成主義のカウンセラーはストーリーの細部に下っていくが、実証主義のカウンセラーは類型や特性といった抽象的なものへと昇っていく。各場面とテーマの間の弁証法的な対話を通じて認識されるより高次の意味における主題的なパターンが、筋書きの中の個々の事実から1つのナラティブ的な真実を生成する。こうして、前から存在する事実を発見することではない、真実を作り出すという能動的なプロセスから、クライエントの職業行動を導き、制御し、維持する主観的なキャリア・テーマが現れてくるのである。

　カウンセラーは、現在のストーリーを聴きたいのであって、埋もれた記憶を掘り起こしたいのではない。ナラティブという言葉は、過去の出来事の客観的な報告というよりはむしろ、現在の視点からとらえたいままでの経験の説明を指し示している。ナラティブ的な真実というものは、固定した事実の正確な報告ではないかもしれない。なぜなら、次のシナリオの要求を満たすために、テーマがその過去を繰り返し**リメンバリングする**（re-member）——すなわち、再解釈し再構成する——からである。そのテーマが機能し、過去から傾向を取り出し、現在を通して未来へと着実に伝えていく。こうして自伝的な説明は、そのテーマを用いて、現代的な意味と有用性を持つアイデンティティ・ナラティブを選択し、体系化し、提示するのである。

　テーマは、経験を自分のものと主張するための、そして事実を個人的な意味とナラティブ的な真実へリメンバリングするための、構造と制限（structure and stricture）をもたらす。ナラティブの真実性は、そういうわけで、よりいっそうの経験へと人を仕向けることの有用性にかかっている。実用的な観点から言うと、ナラティブ的な真実は人が追求する目的に合った、現実を通じて進む道を示している。結局、ナラティブ的な真実は、その結果において現

実であるならば、それは現実なのである。

　過去の主題的な分析を通じてナラティブ的な真実を認識することは、クライエントが相談に持ってきた職業上の筋書きの問題を解決するための序章である。状況の中には、クライエントの職業上の筋書きをそのキャリア・テーマから外し混乱させたものもある。よって、クライエントは筋書きとテーマを再結合し、混乱、葛藤、あるいは混沌に秩序を与えなければならない。実際上の介入は、職業上の筋書きとキャリア・テーマのバランスを取り戻すことである。筋書き的な問題に主題的な連続性のパターンをつけることによって、新しい均衡が実現する。それは、以前は知ることができず、また可能とも思えなかった道を開くナラティブ的な真実の上に作られる均衡である。より統合された均衡であればあるほど、クライエントはより意識的に自分のライフ・プロジェクトを前へ進めることができる。そして次章で検討するナラティブ的草案を通じて、カウンセラーはこの真実を使いクライエントを支援していく。クライエントは、自分の筋書きを展開して自己理解を深め、次のシナリオを形づくろうとする意図を強化できるようになっていく。次章では、ナラティブ・カウンセリングにおける介入について示す。

第3章
ナラティブ・カウンセリング

　今日の流動的な労働者は、職のリストラや労働力の変化によって、自分が断片化され混乱させられているように感じている。ひとつの職から次の職へと移るとき、労働者はそれまでしてきたことを手放さなければならないが、自分が誰であるかを手放すわけにはいかない。すべてを手放すならば、その喪失感は彼らを圧倒してしまうだろう。意味と連続性を与えるライフ・ストーリーという形式で自己をしっかりと保つことによって、人は人生の目的を前進させ全体に関わる目標へ近づくという形で先へ進むことができる。医師で詩人のウィリアム・カルロス・ウィリアムズが述べているように「彼らのストーリー、あなたのストーリー、私のストーリー――ストーリーはいまわれわれの旅の過程で皆が持ち歩いているものである」（Coles, 1989より引用）。ストーリーはそれまで学んできた人生の教訓を適切に位置づけ、そしてその教訓に導かれて将来の構想を過去に達成したことと結びつけるシナリオが創造され、曖昧さを乗り越えていく。

　キャリア構成カウンセリングのカウンセラーは、ナラティブ心理学（Crossley, 2000）を用いて、クライエントが自らのストーリーを展開し、それによって最後にそのストーリーが自分を包み込み、自分自身の不確実性を緩和することができるように支援する。クライエントは、アイデンティティと主観的キャリアをナラティブで構成することによって、職業上の地位、プロジェクト、居場所の喪失を伴う転機に遭遇したときも、自らに意味と方向を与えられるようになる。キャリア・テーマは、意味を維持し、不安を抑え、探索のため

のスペースを確保する支持的な環境を織り上げる。キャリア・テーマが人を支えているかぎり、人は発達課題に習熟し、職業上の転機を乗り越え、ワーク・トラウマを緩和することができる。

　ライフ・ストーリーによって、人は過去から呼び戻された安心を得て、転機という不確実性に向き合うことができる。それによってクライエントは、変化、あるいは次章への必要な前触れとしての混沌や混乱を、評価、少なくとも理解することができるようになる。そのストーリーによって人は新しい出来事に適応し、それらの経験を意味体系の中に吸収する。これによって、人は、自らの経験を理解し進み方を選べるようになる。自己についての良いストーリーによって、クライエントはさらに活力に満ち意図的な自己を保ちながら、キャリア・チェンジを行えるように励まされる。多くのカウンセラーがクライエントにストーリーを語るように勧めるのはそのためである。

　構成主義的カウンセリング（constructionist counseling）とは、語りを通じてキャリアを共に構成する関係性のことである。ストーリーは、ナラティブ・アイデンティティの構成のための、そして複雑な社会的相互作用の中からキャリア・テーマを浮かび上がらせるための建築ツールとして働く。クライエントが自らのストーリーを語ると、そのストーリーはより現実的なものとして感じられるようになる。より多くのストーリーを語れば語るほど、そのストーリーはさらに現実的なものとなる。「自分」を眺めれば眺めるほど、クライエントは自身の自己概念をさらに発達させていく。ストーリーを語ることによってクライエントは、自分が自分自身をどのように思っているかを結晶化させる。多くのクライエントがストーリーを話しているとき笑ったり泣いたりするが、それは、クライエント自身が自分とカウンセラーの間にある空間に出現する自分のライフ・テーマを聞くからである。カウンセラーは、クライエントが自分のストーリーを語る中で、それまで語ってきたことの言外の意味を理解できるように支援することが大切である。これは、キャリア・テーマを1回目のインタビューの冒頭で提示された問題と関係づけることを意味している。また、クライエントが使う最も劇的なメタファーと、繰り返

される言葉を用いるのもよいだろう。同時に、カウンセラーは、クライエントが経験から意味を作り出すときに使える言語を増やし念入りに言葉にする。キャリア・カウンセリングはクライエントに、パーソナリティの類型と職種名についての論理的な言語（たとえばHolland, 1997）だけでなく、文化的ナラティブの劇的な言語や、詩の象徴的言語を提供することもできる。自己についての語彙を増やすのを助けることによって、クライエントは自らの経験をストーリーにして、自分が誰であるかを理解し自分が何を求めているかを人に伝える能力を強化することができる。クライエントは自己を語ることによって、自己の理解、一貫性、連続性を高めることができる。

理解

　カウンセラーは、クライエントが自分のことを率直に話す、つまり自分の経験を語りによって話すように促し、自らの考えをはっきりさせることができるように支援する。この意味で、自己構成が起こるのは、クライエントが自己表現を通じて、特にストーリーという入れ物の中で自己を表現するときである。豊かな対話の中で自叙伝を語ることが、ストーリーをより明瞭なものにする。カウンセリングの開始時、クライエントの中には自分の人生に不案内の者がいる。自分の人生をかすめるようにしか見ていないクライエントもいる。また、鋭い自己認識を持つクライエントでさえ、自分自身がまだよく理解していないストーリーを語る。ストーリーを語ることは、すでに存在している意識への自覚をもたらすが、それはおそらくまだぼんやりとした曖昧なものである。自分が知っていることを話すとき、クライエントは、自分が自分で思っているほどそれについて知らないということに気づく。このように気づくと、クライエントはもっと自分について知りたいと思うようになる。人は自分の人生をはっきりと話すことによって、その意味を理解する。人はストーリーの中で自分の人生を把握する。クライエントがそれを明瞭に表現

するとき、語りは、クライエントが自分自身の真実を作り出せるようになるのに役立つ。クライエントは意味と目的を発見するのではない。むしろ、クライエント自身が、経験と説明の間の断絶を縮めるという視点から意味を創造するのである。クライエントは、ストーリーを話すことによって、自分自身の人生経験により密に接触するようになる。さらに、ストーリーを話すことによって、事実は真実に変わり、クライエントにとってもカウンセラーにとってもその意味は明確なものとなる。人は自分を動かすもの、それを中心に据えて人生を作る何かを、そして自分の人生が果たす目的を理解することによって、より十分な存在となる。

ストーリーをより明確に理解するために、クライエントはストーリーをはっきりと、より説得力のあるものにする。クライエントによって、暗に示された意味がより目立つようになればなるほど、ストーリーはわかりやすくなる。細部を付け加えれば、ストーリーはさらに説得力のあるものとなる。具体的な詳細を与えれば、ストーリーはより妥当性を増し、話し手はよりいっそう確信的になる。良い聴き手は、要点を明確にするための質問を投げかけ、ストーリーの明瞭度をさらに向上させる。時に聴き手は、ストーリーを検証し立証する例、説明、そして証拠を求めることもある。理解を高めることに加え、自分自身のライフ・ストーリーを語ることは、それをより実質のあるものにもする。人が自分自身のライフ・ストーリーについて語れば語るほど、それはよりいきいきしたものとなり、その結果、語り手自身がより本物になっていく。

一貫性

語りによって、キャリアという文脈における自己のさまざまな版を明確に示すことができる。クライエントがカウンセラーに自らの人生について告げ始めるとき、そのストーリーは、まず混乱から始まる。クライエントが自分

のストーリーを語ると、実際それは、矛盾して一貫性もない自己の年代記の報告になっていることがある。それぞれのマイクロナラティブは明瞭でも、2つ以上の小さなストーリーが首尾一貫せず矛盾していることもある。これが起きると、不慣れなカウンセラーならばおそらく混乱し、確信が持てなくなるだろう。それに比べ、ベテランのカウンセラーは、深い意味に通じる入口を発見して逆に元気づけられる。2つの矛盾するストーリーはともに「真実」であり、クライエントの内に共存するため、それらのストーリーをいかに組み合わせるかを決めれば、意味づくりとカウンセリングの大幅な進展が促される。語りを継続することを通じて、ストーリーはだんだんと組み合い始め、自己一貫性が強化され（Lecky, 1945）、統合性が強まってくる。多くの輪が互いに結ばれ、支え合って一貫性が形成される。

　クライエントがストーリーを組み合わせるのを助けるため、カウンセラーは、一貫性を高める工夫として、つながりと反復を使う。そのうちに、自らのアイデンティティ・ナラティブを統一する形でクライエントの自己の年代記がまとまってくる。ナラティブの一貫性は、ストーリーの善良性を高める多様性の中に、ある統一性を与える。一貫して統合されたマイクロストーリーで作られたマクロナラティブ構造は、破壊的な出来事が起きたときでも意味をより強く保つことができる。

　しかし、クライエントによっては、一貫性を弱めることが目標になることもある。ときたま、過度に首尾一貫する束縛されたアイデンティティを持ってカウンセリングを始めるクライエントがいるが、それは、これらの人々が特定の主義に偏った党派の主張、あるいは考えに基づく立場と自分を同一視するからである。しかし、これら単純なアイデンティティが具体的に表すものは、もしかすると、部分的で仮の位置を示すにすぎないひとつのイデオロギーなのかもしれない。より多くの対話によってアイデンティティを描写し表現するために、カウンセラーは、語られた自己を異なった文脈と役割に置くことによって、クライエントのストーリーの複雑性を拡大する。意味は、使われたある文脈の中にあるのであって、ある固定した事実や外的な現実に対

応してあるのではない。それゆえ、ストーリーを異なった文脈や時に置いて展開してみることによって、問題を際立たせ、アイデンティティの異なった局面を浮かび上がらせることができる。

連続性

　一貫性が意味のより強固な維持をもたらすとするならば、連続性は意味のより長期にわたる維持をもたらす。一貫性によってより統一が進むのに対し、連続性は安定性を強化する。クライエントは、秘密を明かし、テーマを認識し、個人的神話を語り直すような語りを通じて、ストーリーの中に連続性を創り出す。人が自分のストーリーを語るにつれて、テーマが現れ、人生はより意味のあるものとなり始める。ストーリーを重ねるごとに、クライエントはより大きなナラティブ、すなわちアイデンティティのマクロナラティブの中で、いわゆる意味のより糸（strands of meaning）を強力なものにしていく。クライエントは、テーマの反復に気づき、やがて、前進するための基本的な論理を識別しながら、徐々に一つひとつのナラティブの流れを理解し統合し始める。クライエントが自分の個人的な秘密について話し合うようになると、そのプロセスはさらに深くなる。カウンセリングは安全な場所を提供し、そこでは、過去の秘密が表面に出され、忘れ去られた歴史が影から現れる。多くの場合、これらの秘密はバラバラのストーリーを統合し、統一された全体を創造するための接着剤となる。秘密についての話し合いはまた、世界を理解し目的を新たにするために、クライエントが繰り返し自分自身に語る個人的神話の検討へとつながっていく。

キャリア構成のためのナラティブ・カウンセリング

　ナラティブ・カウンセリングのカウンセラーは、理解、一貫性、連続性を高めることに価値があると想定している。実際、これらのナラティブの要素は、キャリア・カウンセリングにおいてマイクロプロセスを作り上げる目標として役立つ。カウンセリングとは、ストーリーを語ることを通じて学びと成長が生み出される、関係的で会話的な出会いである。人がキャリア・カウンセリングを求めるのは、そこで話すべきストーリーがあるからである。クライエントは過去のストーリーをカウンセリングに持ち込み、そこでカウンセラーと共に新しいストーリーを組み立てたいと思っている。そこでの対話によって、人は自分が好むこと以上のものを検討できるようになり、それによって、クライエントは、自分はどのような人間かを評価できるようになる。それは、クライエントが対話を通して、自分の人生を徹底的に、進行形で、そしてナラティブとして学ぶからである。

　キャリア・カウンセリングは、単にクライエントのストーリーを言葉に表すにとどまらず、さまざまな意味に働きかけて可能性を開き、行き詰まった取り組みを再始動させる。キャリア・カウンセリングは、変革的な効果を求めて、より完全で全体的な個人が出現できるようにする。ストーリーを語ることが変容のプロセスとして取り組まれるとき、人生の本質的な要素が抽出され、感じられ探索され、そして統合される。

　構成主義的キャリア・カウンセリングは、一致というよりは、むしろ**価値づけ**（mattering）を重視する。価値づけは、平和、正義、平等、美という、何かより高次の意味のパターンに人々のストーリーを関係づけることによって、人々の人生に意味と実体を授与する。キャリア・カウンセリングは、過去の経験の意味と価値づけについて詳細に説明するだけでなく、意志と行動を促進させることによって、前途に待ち受けている世界との結合を鍛え上げ

る。人は、目的を追求することによって、自分の想像力に、直感を呼び覚まし意志を明らかにする新しい考えを吹き込むことができる。目的を繰り返し確かめることによって、個人を再活性化させる人生計画を設計するための表現的自由を促進する。それは常に、人々がどのような仕事をするかということだけでなく、仕事はどのようにその人たちの役に立つかを考える、ということである。価値づけがクライエントの経験を前進させる一方で、活動することによってクライエントはその先の自分を生き始める。キャリア・カウンセリングは、人が自分自身の人生に持つ権限を大きくする。キャリア・カウンセリングは、短期的な対応で、時には面接1回で済むこともあるが、その多くは、クライエントがもっと十全に自らの人生を生き、コミュニティに貢献しながら、より完璧になるようにクライエントを支援するものである。

　キャリア構成カウンセラーは、それがクライエントの要望に合うならば、通常、対話と熟考という標準的な指針に従う。3幕の劇に似て、キャリア・カウンセリングは3部構成になっている。その3つの部分は、1回のインタビューにおける個々の部分であるかもしれないし、または、3回別々のインタビューの場合もある。

　3幕の演劇では、第1幕で登場人物が紹介される。キャリア構成カウンセリングにおいては、第1幕はキャリアストーリー・インタビューである（附録を参照）。そこでは、クライエントはカウンセラーに自己紹介し、ひいては自分自身に自分を紹介することになる。

　第2幕では欠くことのできない葛藤が演じられ、真実の瞬間を引き起こす深い理解で終わる。キャリア構成カウンセリングでは、第2幕は、クライエントのライフ・ポートレートが提示され、それについて話し合うことにあてられる。そのポートレートをカウンセリングを求めた理由に照らし合わせることによって、新しい理解が現れる。

　演劇における第3幕は、新しい理解によって引き起こされた変化が示される。キャリア構成においては、第3幕はカウンセリング部分に当たり、クライエントのアイデンティティ・ナラティブを見直し、その人のキャリアを再

設定することによって、カウンセリングに持ち込まれた懸案事項を解決しようとする。ウィトゲンシュタインは、「問題は、新しい情報を加えることによってではなく、われわれが常にずっと前から知っていたことを整理することによって解決される」(Wittgenstein, 1953) と述べた。要約すると、第1幕でクライエントは短いストーリーを通じて自らのキャリアを**構成**（construct）し、第2幕でカウンセラーがその小さなストーリーを大きなストーリーに**再構成**（reconstruct）し、第3幕でクライエントとカウンセラーが修正されたアイデンティティ・ナラティブ、新しい意志、可能な行動を**共に構成**（coconstruct）する。

カウンセリング・モデル

他の型のカウンセリングと同様に、キャリア構成カウンセリングにも2つの主要な次元がある。すなわち、関係性次元とコミュニケーション次元である。

関係性次元

クライエントとカウンセラーの間の関係性は、カウンセリング関係の開始（engagement）、相互作用（interaction）、励まし（encouragement）のあるものでなければならない。

カウンセリング関係の開始

カウンセリング関係は、クライエントをカウンセリングへと駆り立てた欲求が生まれたときに始まる。それまでの順応のあり方が今にも終わりそうなとき、クライエントは生活空間からも職業上の筋書きからもズレる。この不均衡が、クライエントをしてカウンセラーに相談する気にさせる。最初に、カウンセラーはクライエントに手を差し伸べ、パートナーシップ、すなわち作

業同盟（working alliance）を形成しなければならない（Masdonati, Massoudi and Rossier, 2009）。カウンセラーは、クライエントのありのままを受け入れることによって、そして気持ち良くカウンセリング・ルームに迎え入れることによって、このつながりを築き始める。そのために、カウンセラーは、クライエントのすべての言葉、身振りに注意を向け、必要に応じて、それらのコミュニケーションに情緒的に共鳴する。このようなナラティブ・アプローチによって、カウンセラーは、クライエントとの関係性を育て、クライエントのキャリア・ストーリーに対して好奇心を持ってカウンセリング関係を開始する。

相互作用

　カウンセラーが最初にクライエントのストーリーを引き出し、次に新しい見方を提供するにしたがって、相互作用を通して作業同盟がさらに進む。ストーリーを引き出し、その意味を探索し、それに附随する気持ちを喚起させること、これらがナラティブづくりの要素である。カウンセラーの仕事は、注意を集中し、聴き、ストーリーとその真正性を確証することである。カウンセラーは相互作用をコントロールするのではなく、ストーリーの価値を認めるように努力する。カウンセラーがクライエントのストーリーに入り込むことによって、クライエントの気持ちがやわらいでくる。

　そのようにしてカウンセラーは、自らの考えや気持ちを語るクライエントに付き添いながら、そのストーリーに参加しなければならない。カウンセラーは、クライエントの言葉やフレーズを聴き、興味を持ってそれに伝え返しすることによって、クライエントのストーリーに結びつく。カウンセラーはまた、畏敬の念を示し疑問を投げかけながら、クライエントがストーリーを念入りに作り上げることを促す。カウンセラーは情緒の流れを滑らせ、表現された感情の豊かさを感じとる。カウンセラーはクライエントの気持ちを注意して聴くだけでなく、自分自身がクライエントのストーリーにどのような感情をもって反応しているかにも注意しなければならない。

　いくつかのストーリーを聴いた後、カウンセラーは、主題的なパターンを浮

かび上がらせ、支配的な感情を扱う作業を通して、クライエントがマクロナラティブづくりを開始できるようにする。そのために、カウンセラーは、高度な応答的会話をもってクライエントに関わり、クライエントが自分のストーリーが現在のジレンマとの関係で何を意味するか考えるように促す。カウンセラーは、クライエントのストーリーを引き出すことよりも、ストーリーの意味を検証するためにさまざまな言語的戦略を用いる。たとえば、カウンセラーは、会話の幅を広げ意味を解きほぐすために、曖昧な表現を使うことがある。またあるときには、会話の幅を狭め意味を限定するために、反復を使うこともある。

　クライエントが口に出さないことが非常に重要な場合がある。時折、ライフ・ストーリーの重要な部分が出てこないこともある。時には、人には話せないストーリーや、話したくないストーリーを持っているクライエントもいる。もしもカウンセラーが何かが欠けていると気づいたら、情緒的に共鳴しながら、しばしば疑問を口にすることによって、その欠落している材料を探せるかもしれない。そのような場合、カウンセラーは、クライエントが聞きいれる準備ができている材料についてのみ、クライエントに話すという繊細さを有していなければならない。

　どんな場合でも、カウンセラーは、それが訊問になってしまうことは避けなければならない。カウンセラーは刑事として行動するのではなく、証人としての役割を果たす。この点に関して私は、典型的な探偵であるシャーロック・ホームズの譬えに感謝している。クライエントは明晰な調査者であることからホームズに似ている。カウンセラーはワトソン博士に似ている。なぜなら彼は親友として、「どうしてそれがわかったのか？」そして「それはどういう意味なのか？」と、絶えず尋ねることを通して、ホームズの心の内を明らかにすることに徹しているからである。

励まし

　クライエントのストーリーと状況についてある程度理解できたならば、カウ

ンセラーは、共感的な応答に加えて励ましの言葉を投げかける。一つひとつの共感的な応答を通して、クライエントの自己探索がより深まっていく。その間、カウンセラーは、クライエントの発言に込められた気持ちと意味を言い換え、強調しながら、その視点を積極的に傾聴する。

その一方で、励ましは、カウンセラーの視点からの応答である。カウンセラーが、自分の見晴らしの利く場所に立って話すとき、それは、クライエントが別の視点や可能性を考えるのを助けたいと思うからである。別の視点というカウンセラーからのその贈り物は、ひとつの他者性であるといえるが、それはクライエントに自分自身と自分のストーリーを何とかして拡大することを要求する。その拡大には、不安定化と新たな均衡が変化と選択へ向けて漸進的に進むことを必要とする。

カウンセラーは、変化と選択への関与に向かうように、弾みをつけ自信を持って漸進する動きを構成しなければならない。この構造が、クライエントを、「いま慣れ親しんでいる状況」から「いま望まれる状況」へと動かす目的行動を支える（Tiedeman and Field, 1962）。コンサルテーションの内、そしてその外でのクライエントの活動を促すため、カウンセラーは、必要とされている目的行動に焦点を合わす言葉を用いて、クライエントを勇気づける。

望ましい行動とは、意味によって成熟した行為である。その行動こそが、コンサルテーションと語りのきわめて重要な成果を特徴づけている。言葉はナラティブ・セラピーの中核をなすが、言葉だけでは必要条件であっても十分条件ではない。言葉は、理解し選ぶということにおいてその役割の頂点に達する。しかし、実際に選択し変化するためには、クライエントは現実世界において修正されたアイデンティティの新しい意味を行動化することが必要である。

コミュニケーション次元

キャリア構成カウンセリングを内容という側面で見ると、それはストーリ

ーとその意味によって成り立っている。したがって、カウンセリングは、クライエントへ質問を投げかけるキャリアストーリー・インタビューから始まり、その中でクライエントは、自らの人生の語りに耳を傾け、やがてそのストーリーの中に自分自身を見るようになる。構造化インタビューは、クライエントが適切な質問を自問し、ストーリーを引き出すためのツールとして意図的に用いられる。一つひとつの質問が会話の地図となり、カウンセラーの導きにより、クライエントは自らの経験に声を与える。

　インタビューを通して、クライエントは自己を定義する経験を念入りに組み立て、自らの人生を徐々に明らかにしていく。それらの質問によって、より深いあるいは新しい意味を自らの人生に与えるために、クライエントがいままさに書き換えつつあるナラティブが引き出される。これらの自己を定義するストーリーが、クライエントにとって何が重要かを描き出す。そのストーリーは、クライエントがそれによって自分自身がもっと完結すると考える人生目標、そしてそれらの目標を達成するための手段となる問題解決の戦略を明らかにする。キャリアストーリー・インタビューの過程で語られたストーリーは、ライフ・テーマを明らかにするだけでなく、クライエントの自己構成タイプとキャリア・アダプタビリティの範囲を明らかにする（Savickas, 2005）。

構造

　キャリアストーリー・インタビューをキャリア構成カウンセリングの中で活用することによって、内容指示的ではなくプロセス指示的であるための、構造化されたアプローチが可能となる（Neimeyer, 2004a）。それにもかかわらず、その枠組みは、何を話すかを選択することによって、その内容に大きな影響を与える。その枠組みによって、カウンセラーは、セルフ・ナレーションのプロセスを体系化することを通じて、クライエントの個人的な人生に関与する道筋を見つける。その戦略はクライエントに、体験的に自己探索し自己発見する構造化された機会を提示する。

この戦略は、第一にクライエントが自己探索に集中するのを助ける。それぞれのクライエントの要求に合わせるため、カウンセラーは、その枠組みを使うのか使わないのかについては、常に柔軟でなければならない。その戦略は決して、会話をコントロールするレシピにしてはならない。そうではなく、その戦略は、カウンセラー自身の不安を制御するものとして機能する。キャリアストーリー・インタビューで用いる質問は、対話プロセスのアウトラインと、注意深く傾聴するための枠組みをもたらすので、それらの質問によって、カウンセラーは、新しいクライエントが独自のストーリーを語るときも、安心してその場に臨める。

　キャリア構成モデルとインタビューの方法は、カウンセラーに小説家ユードラ・ウェルティーの助言——ストーリーを共感的に**聴く**（listen to）のではなく、ストーリーの意味を**聴き取り**（listen for）なさい——に従うことを指示する（Welty, 1983）。ストーリーを共感的に聴くとは、受動的で受容的であることによってそのストーリーを理解することを意味する。ストーリーの意味を聴き取るとは、積極的にストーリーを見つけ出し、協働してストーリーを形づくることを意味する。このようにストーリーを聴き分けることは、少なくとも、選択されたこと、主要な概念、主題的な考えの意味を聴き取ることである。クライエントのマイクロナラティブを聴きながら、キャリア構成カウンセラーは、職業上の筋書き、キャリア・テーマ、キャラクター・アークを聴き取る。

　大きなストーリーの意味を聴き取るに当たって、カウンセラーは、5つの主要な質問を使い、クライエントが語る果てしない伝記的細部と小さなストーリーに関心を向ける。その質問はカウンセラーに、シュルツが「サイコバイオグラフィカルな仮説」のための方法と呼んだものをもたらす（Schltz, 2002）。その5つの質問は、カウンセラーが扱う特別な何か——突出した記憶、自己を定義する瞬間、核となる場面——をカウンセラーにもたらす。その質問によって、クライエントは自分の語りの焦点を小さなストーリーに当てるようになる。カウンセラーは、その小さなストーリーを使い、クライエントが自

らのアイデンティティとアダプタビリティを理解する大きなストーリーを構成できるように支援する。

対話

キャリア構成のカウンセラーは、「ストーリーの語り手は、それでもなお、本来そのストーリーの聴き手である」(James, 1908) と書いたヘンリー・ジェイムズに同意する。クライエント自身のナラティブ・アイデンティティへの理解は、洞察ではなく対話から生まれる。質問に答えることを通じて、クライエントは集団社会の中で自分がどのようなストーリーを生きてきたかを知る。機知に富む対話と注意深い傾聴を伴う対話形式の出会いを通して、クライエントは自分自身の人生について自問するようになる。クライエントは、ストーリーを語るとき自分の感情、信念、目標を念入りに話すようにカウンセラーによって促される。その質問は、クライエントに、自分の経験が自己とアイデンティティにとってどのような意味を持っているのかを考えさせる。カウンセラーは、クライエントのストーリーから、時間をかけて変化したものと変わらぬものを伝えるエピソードを抽出し、クライエントに返す。カウンセラーによる振り返りと言い換えによって、クライエントの人生の論理を浮かび上がらせ、意味づくりが促進する。

もちろんカウンセラーは、クライエントの考えやストーリーに反応するだけではない。カウンセラーはまた、クライエントの感情経験を詳細に検討し、その感情へ共感的に応答する。クライエントが新しいストーリーに臨む準備をするとき、カウンセラーの支援によって、クライエントは転機に感じる気持ちを受け入れられるようになる。カウンセラーはいま終わろうとしているストーリーに注意を向け、適当と思えるときは、クライエントがその喪失に対する悲嘆のプロセスが取れるよう支援する。要約すれば、カウンセラーはこれらの対話型の戦略を用いながら、職業上の筋書きを広げキャリア・テーマを明確にすることを通じて、アイデンティティ・ナラティブの包括性、一貫性、連続性を高めていく。カウンセラーは、自己をさらに固め、アイデン

ティティを再編成し、そして自己指示を強化することを目指す。

　究極的には、クライエントが自分自身の人生をより十分に生き、現在の自分以上に十全になるように、カウンセラーは努力してクライエントを励ます。スペインの詩人アントニオ・マチャードの言葉にあるように、クライエントは自分自身が前へ続く道の途上にあることを理解しなければならない。

　　旅人よ、道は与えられてはいない
　　あなたは歩きながら自分の道をつくる
　　あなたが歩くとき、あなたはあなた自身の道をつくる
　　そしてあなたが振り返った時、そこに道があるのを見る　　（Machado, 2003）

　クライエントのマイクロナラティブの意味について系統的に聴くことによって、カウンセラーは、クライエントのナラティブ・アイデンティティの中に、それを体系化する主題的な統一性があることを認めることができる。5つの質問に対するクライエントの返答を聴きながら、カウンセラーは、人生を構成するナラティブ・ロジックの背骨を聴き取ろうとする。ライフ・テーマに気づき理解するために個人のキャリア・ストーリーに耳を傾ける一方で、カウンセラーは人生における無数の特定の出来事に、簡単に方向感覚を失ってしまうこともある。クライエントの複雑さと矛盾に混乱させられるのを防ぐため、事実ではなく事実同士を互いに結びつける接着剤を聴き取らなければならない。そのようにしてカウンセラーは、人生の全体を組み立てるテーマを学び取ろうとする。

内省

　マイクロストーリーで報告された、一見したところ無作為に思える行動や出来事は、多くの方法で職業上の筋書きとキャリア・テーマへと整理されるだろう。そのためにキャリア構成理論が提案するのは、聴き手がクライエントのストーリーを精査し、その本質を識別することである。カウンセラーと

研究者は、キャリア構成における元型的なテーマは、個人的な捉われを公の職業にすることであると仮定してそれを行う。クライエントが自らのストーリーを語るとき、カウンセラーは、必要を目標に、緊張を意志に、強迫を専門に転換するクライエント個人のパラダイムを識別し理解することに集中する。こうして、職業上の地位の階段を昇っていくというキャリアについての20世紀的な上昇志向のナラティブは、クライエントが仕事を用いてこれまで受苦したものを能動的に習得するという進行形のナラティブに変わる。

　マイクロナラティブを収集した後、カウンセラーはそれらを、キャラクター・アークについての仮説を入れた進行形のナラティブの中に配置する。この手続きによってカウンセラーは、クライエントのストーリーから、一貫性と連続性を持ったアイデンティティ・ナラティブをつくり出すことができる。最終的に、カウンセラーとクライエントは、それらの仮説を反復的で解釈学的なプロセスに取り込んで相互の理解を共に構成し、クライエントがカウンセリングを訪ねた理由に十分に取り組めるようにする。

　クライエントは自らのストーリーを内省し、それを聴き手に語り直すことによって、クライエントは仕事を用いてより全体的になるために、そして自分たちとそのコミュニティの両方にとって重要な職業上の役割に十分に参加するための方法を理解するように促される。さらに、カウンセラーの支援によって、クライエントは自らのストーリーを語る能力を高め、自らのキャリア・テーマを、下さなければならない決断や行わなければならない選択に関連づけられるようになる。

　難しい選択は、自らの人生の意味をはっきりとさせる。クライエントが入手できる代替的な選択肢と、それぞれがどのようにストーリーを進めるかを話し合う中で、カウンセラーは、いわば危機的状況にあることを考えるように意図してクライエントのストーリーを語り直し、キャリア・アダプタビリティを高め、ストーリーの次章を書くために使うことができる職業を明確にする。カウンセラーが語り直しの準備をすると、クライエントは知り得る大きなストーリーのまわりに、小さなストーリーという足場を組み立て始める。

その足場によって、内省と自伝的な説明を可能にする意味空間が体系化される。アイデンティティ・ナラティブが独り立ちできるほどに安定したとき、クライエントのマクロナラティブのまわりにあるそれらの小さなストーリーの足場は取り除かれる。

クライエントの目標

　いかなるカウンセリング関係においても、カウンセラーは、クライエントが、しなければならないと感じることに取り組む方法を見出せるように支援しなければならない。そのためにカウンセラーは、クライエントがこのカウンセリング体験に何を求めているのかを明確にし、詳しく述べるように申し出ることから始める。カウンセラーはそのためにクライエントに、「あなたがキャリアを構成していくうえで、私はどのようにお役に立てますか？」と質問する。カウンセリング冒頭のこの意図的な質問によって、クライエントは、人口統計学的なデータや歴史的な事実以上に重要な情報をカウンセラーに伝えるようになる。この冒頭の質問に対するクライエントの答えによって、カウンセラーは、クライエントの自己呈示のスタイルや感情表現、他者との関係の結び方を観察することができる。何十人かのクライエントと仕事をしていくうちに、カウンセラーは、クライエントの独自性に気づくことに習熟してくる。同じような問題と自己構成戦略を持つクライエントでさえ、コンサルテーションの目的を語るときの重点の置きどころ、表現方法、感情の表出は一様ではない。

　カウンセラーは、このような冒頭の質問を使うことでクライエントが目標について考えることを促し、それをもって関係開始の責任を負い、そのようにする中で、その関係性の中心となる相互依存が形づくられるようにしていく。有効なカウンセラーは、クライエントに目標を押し付けることはしない。その代わりに、クライエントの目標と期待が冒頭の質問によって引き出され

るのである。カウンセラーはクライエントがカウンセリングを訪ねるに至った問題、そして、クライエント自身がその問題をどのように見ているのかを知りたいのである。

　もちろんカウンセラーは、クライエントがその問題にどう取り組んでいくかを知る必要がある。カウンセラーはまた、クライエントがコンサルテーションに何を望むか、そしてそれをどのように伝えてほしいかを知らなければならない（Neimeyer, 2004b）。もしクライエントが望む対応が、たとえば、「職業興味検査を受けたい」といった場合、カウンセラーは、クライエントがその介入を通じて何を達成したいと思っているかをさらに調べていく。カウンセラーは、クライエントに介入の処方を書いてもらいたいとは思っていない。カウンセラーは、クライエントの抱えている問題と目標を知りたいのである。

　コンサルテーションの初めに知っておきたいと思うクライエントの背景情報の量は、カウンセラーによって異なる。カウンセラーの中には、経歴についてほとんど質問しない者もいるが、それは、知る必要があるのはいまこの時点で起きていることだと考えるからである。別のカウンセラーは、クライエントの経歴について多くの質問をするが、それがいま起こっていることを理解するために重要だと考えるからである。ほとんどのカウンセラーが好むのは、クライエントが自らのキャリア・ストーリーを語るのに必要な程度に応じて経歴を展開してくれることである。そのためにカウンセラーは、通常クライエントの問題の背景にあるストーリーについて1つまたは2つの質問をすることを通じて、ある程度の文脈を把握しようとする。

　適当量の背景ストーリーがわかったら、カウンセラーは、冒頭の質問に対するクライエントの返答に集中しなければならない。たとえその答えが簡潔なものであったとしても、情報の世界は、クライエントが自分の問題を提示するために使う文章の中に、前もって表されているだろう。クライエントは、カウンセリングを始めるとき、言葉で表現できることよりはるかに多くを知っている。冒頭の質問に対する答えが、クライエント自身がまだ十分知り得ていない自分自身についてのストーリーを語っていることがある。多くのク

ライエントにとっては、すでにわかっていることや、自分のキャリア上の問題について何をすればよいかと思っているかなどが、冒頭の質問に対する返答の中に暗に示されている。

　中には、自分がやりたいことを、時にはどのようにしてそれをやるのかさえ、最初からわかっているクライエントもいる。したがってカウンセラーは、このカウンセリングがどのように役に立つかという質問に対する、初めてのクライエントの返答を慎重に検討するのである。カウンセラーは、クライエントがすでに考えている解決策を暗に語っているかどうかを聞きたいと思っている。T・S・エリオットが『四つの四重奏』(Eliot, 1963) で書いているように、終わりは始まりの中にすでに暗に示されているのである。自分が次に何をしたいかをクライエントが自分の耳で確かめることができるように、その解決策を精緻化させ語らせることは、カウンセリングのプロセスの一部である。

　カウンセラーの仕事は、クライエントがキャリアストーリー・インタビューの質問に答えているとき、自分が話すことを別の観点から聴けるようにし、後でクライエントのアイデンティティ・ナラティブを共に構成する中でそれを何度か繰り返すことによって、クライエントが語ることを増幅することである。自分がすでにわかっていることを語っているとき、クライエントは、質問に対してカウンセラーにすでに提示していた答えを明確に話す自分を聴く。したがって、カウンセリングが自分にとってどのように役に立つかというクライエントの説明は、しばしば大きなストーリーの基礎を固めることになる。

　この冒頭の質問に対するクライエントの返答が、セッションの課題とそれに続く対話の枠組みを定める。その冒頭宣言によって、そのストーリーが何についてのストーリーになるのかがカウンセラーに告げられる。それはカウンセラーの注意を、いま、まさに現れようとしているものに向けさせる。ある意味クライエントの返答は、これから語られようとしているストーリーを告知するひとつの前触れである。カウンセラーは、ストーリーは始まったよう

1　T・S・エリオット（著）岩崎宗治（訳）(2011)『四つの四重奏』岩波書店．

に進んでいくということを念頭に置きながら、できる限り熱心に耳を傾ける。

　この点を明らかにするいくつかの例を挙げてみる。最近来訪したあるクライエントは、冒頭の質問に対して次のように答えた。「私がしようとしている選択は、私がすべき選択なのでしょうか？」。言うまでもなく、「すべき」が中心的な問題である。彼女はそのとき自分がしていることに大変満足していた。しかし彼女の母親と叔母は、別の仕事を「すべき」だと主張した。コンサルテーションの終わりに彼女は、有力な他者に押し付けられた筋書きを演ずるのではなく、自分自身のライフ・ストーリーは自分が著すという自分の決意を確認した。

　別のクライエントは、「私は、いまのところ正しい仕事をしているのでしょうか？」と返答した。「いま」という言葉が、ある重要な意味を示唆した。彼は、ロシアの5ヵ年計画を真似したと冗談を言っていたが、結局、ほぼ5年おきに仕事を変えたくなる人物であることがわかった。彼は、いかなることも5年以上はやりたくなかったので、そのときやっていたことには満足していたが、彼は次の行動のことを考え始めていた。コンサルテーションの最後に、彼は現在の職への満足感を示す一方で、同時に2年以内に方向を変えることを心に描き始めていた。

　さらにもうひとりのクライエントはこう返答した。「私はビジネスを成功させるために、私の将来の可能性を邪魔するような何かをやっているのでしょうか？」。もちろんその通りである。彼はそれについて何をなすべきかを知っていた。最後に、別のクライエントはこう答えた。「私はいま大学院課程で時間を無駄にしているのでしょうか？」彼女はソーシャルワークの学位課程を半分ほど修了していたが、自分がロースクールに行きたいのがわかっていた。最後に彼女は、自分は決して本気で大学院課程を辞めたいと思ったことはなかった、と言った。コンサルテーションによって、彼女は、自分の人生の目的は、社会が沈黙を強いている人々の擁護者になることだということをはっきりと話すことができた。自分は時間を無駄にしているわけではない、自分

はいま公民権の擁護者という自分の最終的なキャリアに十分役立つスキルのセットを身につけているのだ、と考えるようになった。

目標を設定する

　リンカーンによれば、「目標が適切に設定されれば、半分成就したことになる」(Ziglar, 1997)。したがってカウンセラーは、クライエントがコンサルテーションを通じて達成したいことがわかるまでは、キャリアストーリー・インタビューを始めるべきではない。それぞれのクライエントとともに、互いに同意した目標についてはっきりと述べ合うことが、いくつかの理由で重要である。

　まず第一に、カウンセラーはクライエントと一緒にその目標に到達することができるかどうか評価しなければならない。もしカウンセラーができることが何もなければ、話し合うかさもなければ他へリファーしなければならない。たとえば、あるクライエントが履歴書の書き方、あるいは職探しについての支援がほしいと言ったとすると、多くのカウンセラーは、その人をそのようなキャリア・サービスを提供する就職斡旋専門家に紹介するであろう。カウンセラーとしては、クライエントが探していたサービスを提供できないということを、キャリアストーリー・インタビューを行った後で知りたくはない。クライエントが、アカデミック・アドバイス、職業選択の方向性、あるいはキャリア・カウンセリングを求めているならば、そのときカウンセラーはインタビューへと進むことができる。カウンセラーは、クライエントが今明確にした目標を協働して追求するときに使う構造を説明することによって、それを行う。

　カウンセラーは、問題についての所感を巧みに表明することによって、カウンセリングへと誘導する。この所感は、クライエントが歓迎されて居心地がよいと感じ、調和の取れた作業同盟へとつながるものでなければならない——初めよければ終わりよし、である。

キャリア構成のカウンセラーは、冒頭の質問に対するクライエントの答えをもう一度使う。そのセッション、あるいは何セッションかの終わりに、カウンセラーは、冒頭の質問に対するクライエントの答えを再度示し、「われわれはこれをやり遂げたでしょうか？」とクライエントに尋ねる。この最後の質問によってカウンセラーは、クライエントがカウンセリングを訪ねるに至った理由に立ち戻り、最初の契約を確かに果たしたことを確認する。クライエントは、カウンセリングは成功し満足のいくものであったと信じてカウンセリング関係を終えるであろう。

もちろんほかにも多くの有効性の指標があるが、特に重要なのは、カウンセリング・ルームの外での行動と態度の変化である。しかしカウンセラーは、最初の指標、すなわち、カウンセリングで起きたことに対するクライエントの満足感を忘れるべきではない。

感情に関わる

カウンセラーは、クライエントと協働してカウンセリング目標を設定し、クライエントの感情を引き出し安心を与えながら、カウンセリング関係を確立していく。カウンセラーは通常、自分のキャリア問題についての所感を感情語を使って詳しく話せるように、クライエントを援助しようとする。キャリア構成カウンセラーは、クライエントの感情、すなわちクライエントの中にある何らかの気がかりや、カウンセリングへ行こうと思う気持ちに注意を向ける。

それらの気持ちは、クライエントの発達課題、職業上の転機、ワーク・トラウマによって引き起こされた意味の断片化の表れであることに、カウンセラーは注意を払うべきである。感情はカウンセリングを効果的に推進させ、カウンセラーに次に進むところを指し示す。感情はクライエントの成長の一端を示すものであるから、カウンセラーは感情に注意を向けようとするのである。カウンセラーは、これらの気持ちに対する意識を高めながら、クライエ

ントが解決すべき問題を明確にしていく。

　クライエントの情緒的な混乱への理解、受容、支持を与えることで、カウンセラーは、作業同盟を確立する。感情は、カウンセリングの間中、クライエントが自己を見直す支えとなる。意味は再編成され行動化するかもしれないが、その前に、気持ちが変わらなければならない。すべてのセッションを通して、理性と感情の新たな統合を通して意味の体系を揺さぶり再編成する手段として、カウンセラーはクライエントの気持ちに注意と関心を向ける。この意味づくりプロセスを開始するため、カウンセラーは、カウンセリング関係を確立すると同時に、クライエントに安心を与える。

　安心の形成（comforting）とは、情緒的な安心をもたらす社会的な支援の一形態であり、カウンセリングの開始時、クライエントの必要に応じて提供されるものである。安心の形成とは、クライエントを励まし、問題を標準化し、メタファーを再構成することを意味する（Miceli, Mancini and Menna, 2009）。

　カウンセラーは、クライエントの潜在的な対処能力への信頼を表し、問題を解決する能力を再確認することによって、クライエントに安心を与える。カウンセラーは、その問題がいかに理解可能なものであり、しかも予期さえできるものであるかを説明することによって、クライエントの問題を標準化する。カウンセラーの支援によって、通常クライエントは、それが一過性の問題であるとみなせるようになる。その際、カウンセラーはその問題を軽視せず、それは扱いやすく一時的なものであることを伝えるだけである。またもし適切と思えるなら、カウンセラーは、その問題はクライエントの落ち度ではなく、ある生活環境の、あるいは新しいライフステージの結果であるということを説明する。

　とはいえ、問題がクライエントの落ち度ではないとしても、クライエントはそれに答える能力を持たなければならない。もしクライエントがその問題に対する問題を示すならば、この責任能力が特に重要である。安心の形成にはまた、クライエントのメタファーや問題への所感を、あまり劇的でない言葉や言いまわしで再構成することによって、問題の大きさを縮小することも

含まれる。クライエントの感情に関わり、目標を設定し、安心を与えたとき、キャリアストーリー・インタビューを始める準備が整う。

第4章
キャリアストーリー・インタビュー

　キャリアストーリー・インタビューは、30年にわたる実践を通じて進化させてきた、刺激となる質問によって構成されている。私は、長い時間をかけて試行錯誤を繰り返し、最大限の効果を上げる質問を確立した。キャリア構成カウンセリング・モデルは、こうした質問とその結果を理論化したものである。したがって、キャリアストーリー・インタビューは、理論を実践したというより、実践を理論化したよい例となる（Neimeyer, 2004a）。

枠組み

　キャリアストーリー・インタビューで行われる各質問には、論理的根拠があり、クライエントがそれらの質問に答えているときに、カウンセラーが何を聴き取るべきか注目すべき点がわかる。これらの質問から導き出される回答は、それぞれ孤立した物語（ストーリー）というよりは、1つの枠組みの中に体系的に位置づけられるよう、互いに関連がある。そのためカウンセラーは、パズルのピースをフレームの中に当てはめていくように、すべての回答を枠組みの中に当てはめていく。
　ジグソーパズルを解く際、人はピースをはめ、組み立てるときにパターンを見つけようとする。同様にカウンセラーも、パズルそのものを解くのではなく、帰納的論理を用いてクライエントの応答の中にあるパターンを発見する

課題に取り組まなければならない。パターンを認識し、テーマを抽出するためには、常識に裏付けられた実践的な、疑問に思う気持ちが必要である。すべてが異なる可能性があることを忘れてはならない。クライエントの職業上の筋書きの中にパターンやキャリア・テーマと思えるものを見出したとき、カウンセラーは、クライエントによって語られるストーリーに繰り返し出てくるエピソードを明らかにすることで、そのパターンで合っているのかどうかを確認する。小説はその細部で妥当なものかどうかが決まる。クライエントのキャリア・テーマも同様である。

　ベテランのカウンセラーは、どのストーリーまたはストーリーの断片を枠組みに統合するのか、そしてそのパターンをどのようにクライエントに提示するかを選択する際、直感と帰納法を使う。テストの得点を使う職業ガイダンスは、分析的思考と演繹法に基づいているのに対し、ストーリーを使うキャリア・カウンセリングは、直感的思考と帰納法に基づいている。キャリア・カウンセリングでは、解決されるべき問題はせいぜい一部がわかっているだけである。

　職業ガイダンスの高度に構造化された文脈では、目標はきわめて明瞭である。ガイダンスの担当者は、個人の特性についての情報と、規則に縛られたプロセスを用いて、マッチングに向けた客観的解決策を求める。テストと職業検査を実施し、クライエントの能力および興味とを基準集団とサンプルに対して数値として比較するのである。クライエントとの相互作用は、クライエントの特性に関するテスト結果の解釈を中心に展開する。

　職業ガイダンスでは、客観的測定とスコアに基づき、法則的となっているタイプおよび基準となるグループと、クライエントとの類似性を説明する。それに対して、キャリア構成カウンセリングでは、主観的評価およびストーリーに基づいてクライエントの独自性を理解する。

　キャリア・カウンセラーは、クライエントのライフ・テーマと目的追求を評価するために、臨床的な判断を用いる。キャリア・カウンセラーは、マッチングを行うことではなく、意味づくりを重視する。キャリア構成カウンセ

リングでは、この意味を探り、精緻化することで、選択肢を明確にし、クライエントの決断力を高める。カウンセリングは、あまり高度に構造化されていない文脈で行われる、直感と理性を統合するのである。

構成

　キャリアストーリー・インタビューは、5つの主要な質問によって構成されている。各質問は、それぞれ固有の主題に関するストーリーへの入口として選び出されたものである。構造化されたフォーマットは、1つの枠組みの中に5つの刺激となる質問を配置し、クライエントのライフ・ストーリーを解明し、キャリア・テーマを特定できるように作られている。主題はスムーズにつながるため、クライエントはカウンセラーに自分自身について説明する際、活発に内省することができるようになる。刺激となる質問は、(1) ロールモデル、(2) 雑誌、(3) 好きな本、(4) 指針となる言葉（motto：モットー）、(5) 幼少期の思い出を問うものである。

質問1：ロールモデル

　冒頭の質問（前章参照）に続き、カウンセラーは、キャリアストーリー・インタビューを本格的に開始するため、クライエントにまず子どもの頃の憧れの人を尋ねる。クライエントにいきなり自分の自己概念を直接言葉にするよう求めても、あまり効果がない。それゆえカウンセラーは、クライエントが憧れていた人物に自身を具象化させることを通じて、自己概念を表現してもらう。もちろん最初のうち、クライエントは、自分自身を概念化していることには気づいていない。

　カウンセラーは、クライエントのロールモデルを特定するために、「6歳前後の頃、誰に憧れていましたか？」と尋ねる。クライエントが質問を理解で

きないようだったら、「誰を尊敬していましたか」、あるいは「誰の真似をしていましたか」と言い換えてもいいだろう。クライエントが誰も思いつかないようだったら、そのロールモデルは別に有名人や小説の登場人物でなくてもよいと助言することで、たいていクライエントは、親族や、近所の人、先生などの名前を挙げることが多い。クライエントが1人のロールモデルを挙げたら、カウンセラーは、さらに2人のモデルを尋ねる。

　3人の名前が挙がったら、続いてカウンセラーはそれぞれのモデルを吟味し、「その人がどんな人か説明してください」という質問から始める。すぐに答えられない場合もあるため、クライエントに、「当時、その人をどんな風に思っていたかを教えてください」と言ってもよいだろう。クライエントは、ロールモデルの特徴を説明しながら、実際は無意識のうちに自分自身の自己概念を説明しているのである。

　自己意識をほとんど示さないクライエントであっても、ロールモデルの形をとった自己概念について話すことは容易だと感じることが多い。クライエントが、ロールモデルが行ったことしか語らない場合は、カウンセラーは、そのロールモデルの特徴について具体的に説明するように頼む。クライエントが、ロールモデルの現在の振る舞いについて話す場合には、カウンセラーはクライエントに、幼少期にロールモデルをどう見ていたか、最初にモデルのどこに憧れたかを思い出してもらう。

　それぞれのロールモデルについて、そしてクライエントが各ロールモデルのどこに憧れていたのかについて回答が得られたら、カウンセラーは、それぞれのロールモデルについて、「あなたはその人とどこが似ていますか？　その人とどこが違っていますか？」と尋ねることもできる。カウンセラーはまたクライエントに、その3人のロールモデルに共通する点を説明してもらうのもよい。

　クライエントは、ロールモデルの中に憧れていた特徴を見つめることにより、自分自身の姿がはっきり見えるようになる。クライエントは自分のロールモデルについて説明するうちに、自己を認識することになる。それらのロー

ルモデルはクライエントに対して、自己をあらわにしたものである。この自己認識を強めるために、カウンセラーが留意しなければならないことがある。

　ここできわめて重要なことは、あらわになったロールモデルそのものではなく、それがクライエントが説明するロールモデルの特徴だということである。カウンセラーは特別な注意をもって、クライエントがロールモデルのどこに憧れているのかを聴き分けなければならない。クライエントが自己構成のための青写真に組み込んできたのは、これらのロールモデルの特徴である。重要なのは、クライエントが**誰**に憧れているかではなく、**どんなところに**憧れているかなのである。

　ここでカウンセラーは、そのロールモデルについてのカウンセラー自身が持つ概念を使わないように注意しなければならない。ロールモデルが有名な人物である場合、人は、クライエントが何に憧れているのかを、あまりにも簡単に推測してしまう。たとえばスーパーマンを考えてみよう。カウンセラーは、クライエントが「鉄人（マン・オブ・スティール）」の超人的なパワー、強さ、不死身である点に憧れていると推測するかもしれない。しかしフォークシンガーのリッチー・ヘブンスは、2005年のケント・ステージの公演の中で、「自分は幼い頃スーパーマンに憧れた。それは、スーパーマンが真実と正義のために戦ったからだ」と語っている。

　幼い頃、ワンダーウーマンに憧れていた女性カウンセラーは多い。ワンダーウーマンは、自分を縛っていた偏見、淑女ぶった態度、男性優位の考え方を打ち破った女性をモデルとして、ハーバード大学のある心理学者によって創作された。作者W・M・マーストンは、ワンダーウーマンを、栄養と運動によりパワーを手に入れた自立した女性として描いた（Joyce, 2008）。ワンダーウーマンは、強さと愛をもって悪に立ち向かった。

　ホイットマン・カレッジのアメリカ政治学教授メアリ・ハンナは、かつて自分はワンダーウーマンに憧れていたと語っている。なぜなら、「彼女はわれわれに大切なことを教えている。すなわち、どんな女性でも強さと能力を手に入れることができること、女性は恋をしながらも自分のアイデンティティ

第4章　キャリアストーリー・インタビュー　83

をしっかり保つことができること、そして家族と友人、特に女同士の友情が大切なことを教えているから」(Hanna, 1994)。

ワンダーウーマンの人格と人物描写は綿密に練られているにもかかわらず、誰もが彼女のこうした特徴に憧れていると考えることはできない。かつて、ある男性の航空技師から、幼い頃ワンダーウーマンに憧れていたと聞いたことがある。特にどこに憧れていたのかを尋ねると、その技師は、「ワンダーウーマンの目に見えない飛行機がほしかった」と答えた。彼はその後、ステルス爆撃機の設計に一役買ったチームのメンバーとして、その夢を叶えた。それが彼にとっての目に見えない飛行機だったのだ。

自分の母親や父親をロールモデルとして答えるクライエントは多い。カウンセラーは、親をロールモデルとして挙げたクライエントに、その親について説明させるが、その親を3人のロールモデルのひとりにカウントはしない。カウンセラーは、ロールモデルが特別に選ばれた人間となるように、クライエントに親以外の人間について語ってもらいたいのである。親がロールモデルのひとりに選ばれることもあるかもしれないが、親は案内役（ガイド）と考えた方がよい。

クライエントが、よく知られている動物をロールモデルとして挙げるのはめずらしくない。小学校教育を専攻する学生の中には、いつも子どもたちを救うという理由で、テレビ番組の『名犬ラッシー』の名前を挙げた者が少なからずいた。マイティ・マウスに憧れていたある心理学専攻の学生は、その後危機管理の専門家になったが、それはその職業が、マイティ・マウスのように「人々を窮地から救うことができる」と考えたからであった。ある臨床心理士は、アンガー・マネジメントのための治療介入に関する論文を著し博士号を取得した。彼の父親は、アルコール依存症で、家族全員が父親のかんしゃくに怯えていた。その心理学者は、闘牛士と闘うことよりも、花の香りをかぐことが好きな牡牛のフェルディナンドに憧れる中で、自ら解決策を見出した。少女の頃、弱い者を助けるミス・ピギーに憧れていたある医学生は、その後スラム街の女性のためのクリニックを開設した。

クライエントがロールモデルについて語っているときに、カウンセラーはそこに暗示されているものについて考え、追加の質問を組み立てなければならない。効果的な追加の質問は、解釈ではなく推測を表すものであるので、それによってクライエントは何かを言った方がよいと感じたり、時には思考が活性化されたりする。たとえば、快傑ゾロに憧れる人に対しては、次のような追加の質問をすることができる。「あなたは自分の真実のアイデンティティを仮面で隠していますか？」、「あなたは自分を助けてくれる同僚を頼りにしていますか？」、「あなたは家族に加えられた危害を正したいと思っていますか？」など。

　追加の質問に対するクライエントの答えによって、カウンセラーはクライエントの自己概念をさらに深く理解することができる。いろいろな人がロールモデルについて語るのを聴く練習をしたいと思う読者には、ゲストが彼らのロールモデルについて語るインターネット・ラジオ番組『Great Lives』[*1]を聴くことをお勧めする。

質問2：雑誌

　最初の質問で、クライエントの自己概念を形づくった影響や、それを自分のものとして考察し終えたなら、キャリアストーリー・インタビューの第2の主題は、職業上の興味についてである。キャリア構成理論の観点からすると、興味は心理社会的な変数の象徴である。ラテン語で「inter」は「～の間（between）」を意味し、「est」は「～にある（it is）」を意味する。それゆえ「interest（興味）」は、「それは間にある（it is between）」を意味する。

　キャリア構成理論（Savickas, 2013）では、興味とは、個人の欲求と、それらの欲求を満たす目標に到達するための社会的機会との間の心理社会的に緊張した状態を意味する。キャリア構成カウンセラーは、クライエントにとっての望ましい場、すなわち自分の目的を追求し、自分の価値観を満たすこと

---

*1　http://www.bbc.co.uk/podcasts/series/greatlives

ができると信じる職業環境に焦点を当てることにより、興味を評価する。そのためカウンセラーは、ロールモデルに関する質問により、クライエントの自己概念を理解した後、クライエントが興味を持つ労働の場におけるタイプや、魅力を感じる職場環境に注目する。

　職業興味を評価するには4つの方法がある（Super, 1949）。最も効果の低い方法は、さまざまな活動や職業の中からクライエントが好むものを一覧表にすることである。興味一覧表は、回答者がそれぞれの職業や活動についてある程度の知識を持っており、回答者の自己報告が客観的であるということを前提としている。これよりも効率的であるが、いまではあまり使われていない方法が、興味検査である。ここで回答者は、興味を惹きつける活動について他の方法より深い知見を示す。

　この2つの測定方法よりも効果的な手法は、興味を示したものの査定（アセスメント）、すなわち、その人が将来これをしたいと言っていることについての評価である。最も効果的な方法は、顕在化した興味、すなわちその人の行動にはっきり表れる意思を評価することである。たとえば犯罪捜査官は、犯罪者の部屋を捜索する際、犯罪者の行動の痕跡から手掛かりを探す。彼らは部屋の内装や片づき具合よりも、雑誌や本に最大の手掛かりを求める。そのため職業興味について評価する際は、カウンセラーは、一覧表やテストの回答を点数化することよりも、クライエントの話す内容や行動を評価する方がより効果的にクライエントに応えることができる。

　カウンセラーは、クライエントにとって適切な職業の場を見出すために、クライエントが最近実際にどのような場に身を置いているかを考慮する。クライエントの自己と思われるものにとっての好ましい職業の場を探し出すために、カウンセラーは、クライエントに好きな雑誌、好きなテレビ番組、好きなウェブサイトの名前を挙げてもらうとよい。これらの質問に対する回答から、顕在化した興味が明らかになる。それはクライエントの将来を予測する上で、非常に信頼性の高いものである。

　キャリア構成カウンセラーは、通常、クライエントの好きな雑誌を尋ねる

ことで、顕在化した興味を査定する。クライエントが複数の雑誌の名前を答えたら、カウンセラーは通常それで十分だとみなす。しかしクライエントが、雑誌をほとんど読まないと答えたときは、カウンセラーは次にテレビ番組を尋ねる。これでもまだクライエントの好ましい場について意味ある情報が引き出せない場合、最後の選択肢として、よく見るウェブサイトを尋ねる。クライエントの好きな雑誌、テレビ番組またはウェブサイトは、クライエントがどこに身を置きたいかを示す代理となる環境なのである。

　最初に雑誌について考えてみよう。雑誌を読むことで、読者は望ましい、あるいは快適な環境を代理的に体験することができる。人は、雑誌を読むことで、その誌面の世界に生きることができる。好きな雑誌の名前を挙げることによって、クライエントはカウンセラーに、自分にとってそこで生活したいと思っている環境のタイプを語ることになる。

　クライエントに、定期購読している、あるいは興味を持っている雑誌の名前を2～3冊挙げてもらい、次に各雑誌の好きな部分について説明を求めるとよい。各雑誌について、特に、何がクライエントを惹きつけているのかを知ることが重要である。専門的な主題について深く掘り下げた情報が掲載されている、発行部数の少ない雑誌が挙がった場合は、何がクライエントを惹きつけているのかを理解するのはわりと簡単である。専門的な内容の雑誌の例としては、『Road and Track』、『Science』、『Photography』、『Psychology Today』、『Money』、『Scrapbooks』[*2]などがある。クライエントが、幅広い読者を対象とする、さまざまな主題についての記事を掲載する一般誌の名前を挙げたときは、カウンセラーは、クライエントが最も楽しみにしている、または一番最初に読む部分についてより詳しく聞く必要がある。たとえば、クライエントが『タイム』や『ニューズウィーク』と答えた場合は、カウンセラーはその中で一番最初にどの欄——政治、娯楽、科学、医学、等々——を読むかを尋ねる必要がある。

　普段あまり雑誌を読まないクライエントは、特定のテレビ番組を定期的に

[*2]　生活・園芸を中心とした実用情報を集めた雑誌。2012年休刊。

観ていることが多い。好きな雑誌と同様、好きなテレビ番組からも、クライエントにとって望ましい場についての情報が明らかになる。世界に向かって開かれた窓のように、テレビは観る人をさまざまな場所へ連れていく。テレビ番組が「ショー（show）」と呼ばれるのは、視聴者にさまざまな場所を見せ、人々がそれぞれの独自の方法で特定の問題に取り組む様子を見せるからである。『ジス・オールド・ハウス』では、人々が物を作ったり修理したりする活動に精力的に取り組む物理的な場に視聴者を連れていく。『Divine Designs』では、視聴者に、インテリア・デザイナーがどのようにして美しく洗練された部屋を作り上げるかを見せる。『CSI：科学捜査班』では、視聴者を、分析スキルを用いて謎を解く衝撃的な現場へと連れていく。『フレンズ』では、人々が会話というスキルを用いて人との関係性を築いている社会的環境へと視聴者を連れていく。『ボストン・リーガル』では、説得スキルを使ってクライエントの権利を弁護する法律事務所および政治的な現場に視聴者を連れていく。最後に『マーサ・スチュワート・リビング』では、生活の仕方や生業を整えるスキルにより、周囲の人々に貢献する日常的な世界へと視聴者を連れていく。オプラ・ウィンフリー（社会的な場）やマーサ・スチュワート（日常的な場）などの有名人の中には、テレビ番組と雑誌の両方で、その世界を代理的に体験する機会を人々に提供している人もいる。

　雑誌を読んだりテレビを観たりするよりも長い時間を、コンピュータとともに過ごすクライエントもいる。このようなクライエントに対して、カウンセラーは、よく見るインターネットのサイトを尋ねる。人々はウェブページを開くことによって、いつでもお気に入りの場へ入っていくことができる。クライエントのコンピュータを開き、インターネットブラウザの閲覧履歴を見ると、何度も訪れたサイトのリストがわかり、クライエントの顕在化した興味が明らかになる。人は興味のあるサイトをクリックし続ける。カウンセラーはクライエントに、ウェブブラウザを開いて「閲覧履歴」や「お気に入り」のリストをコピーして見せてもらえるよう頼むこともできる。

　この文章を書いた後、手を止めて、私は自分のお気に入りサイトのリスト

を覗いてみた。最初に出てくるのは辞書と類語辞典のサイトで、それは私が原稿を書くときに頻繁に利用しているサイトである。カウンセラーがこのサイトを見れば、私が言葉や文章を書くことに興味を持っていると思うだろう。もちろん、私は文章を書くときにはいつも、フランス語の「mot juste（至言）」——まさにぴったりな言葉——を探しているので、カウンセラーの推測は当たっている。2番目に多く訪れたサイトは『Shoutcast』で、私がいつもクラシック音楽やジャズを聴いているインターネット・ラジオのサイトである。3番目に多く訪れたサイトは『Travelocity』で、私は頻繁に行う旅行の手配をこのサイトを通じて行っている。この結果から、私の顕在的な興味は、文章を書くこと、音楽、旅行であるとわかる。

最近面接したあるクライエントは、本屋で働いていた。彼女のお気に入りのウェブサイトは、www.facebook.com と www.poetry.org であった。もちろんここから、彼女の職業的興味は社会的で芸術的なものと査定することができた。彼女が夢見ていた職業は、創作的な作文の先生になることであった。読者はすでにおわかりだと思うが、お気に入りや閲覧履歴のリストを調べる方が、興味テストの結果を眺めるよりも効果的で、しかもその方が費用がかからない。

環境に関するクライエントの回答を聴き、これを査定する間、カウンセラーはクライエントの自己概念を心に留め、そのような自己がいま話されている場の中でどのようにうまく振る舞えているかを考えておく。自己概念と職業興味との関係は、典型的に強固かつ明確なものである。たとえばあるネイティブ・アメリカンのクライエントは、乗組員たちがかつて誰も行ったことのない場所へ行くという理由で、好きなテレビ番組に『スター・トレック』を挙げた。彼女のロールモデルは、2つの世界の橋渡しをしたポカホンタス[*3]であった。もちろん、ポカホンタスが宇宙船「エンタープライズ」の優秀な乗組員になって活躍すると考えることもできるが、彼女は最終的に、つなぐ

[*3] アメリカインディアン・ポウハタン族の酋長の娘。史実は不明だが、白人入植者とアメリカインディアンの友好の象徴的存在として多くの美談が作られ、ウォルト・ディズニーによって『ポカホンタス』(1995) というアニメーションも製作された。

役割という台本を、2つの文化的グループ間をつなぐコミュニケーションを維持するリエゾンという仕事で具体化した。彼女はわれわれ同様に、意義のある方法で、自己と環境を統合する適切な台本を必要としていた。

どのような場を選ぶかは、そこで演じられるさまざまなストーリーの広がりに大きな影響を与える。その場はストーリーの可能性を生成し、ある台本を避けられないものとしたり、他の台本を実行できないものにしたりする。そのため次の主題では、クライエントが心に抱いている台本に注目する。

質問3：好きなストーリー

キャリアストーリー・インタビューにおける最初の2つの質問から、カウンセラーは、クライエントの自己概念および望ましい職業環境についてかなり理解することができた。第3の質問は、そのような場で台本を演じることにより、自己を具現化することについての質問である。すなわち第3の主題は、人生台本に関するものである。ある意味第3の質問は、人－環境との適合――すなわち自己概念－環境との間にあるハイフン――という、論理的で実証的なパラダイムのつながりに関するものである。第3の主題は、個人の可能性から生じる公共の仕事と深く関係する。

クライエントが考える人生台本を知るために、カウンセラーはクライエントに好きなストーリー、あるいはいくつかのストーリーを尋ねる。カウンセラーが知りたいのは、クライエントが自分の人生を形成するのにどのようなストーリーを使っているかということである。ストーリーのタイトル名がわかったら、カウンセラーは次に、その内容について説明してもらう。たとえカウンセラーがそのストーリーの内容を知っていても、クライエントが自分の言葉でストーリーの内容を語ることが重要である。カウンセラーは、その台本が、どのようにしてクライエントの自己概念と望ましい場とを統合させているかについて注意深く聴き取る。そのストーリーを語る中で、たいていクライエントは、自分自身の将来の可能性について話しているものである。通

常、クライエントの好きなストーリーには、クライエントの人生における中心的な問題と、その問題にどう対処することができると考えているかが明確に描き出されている。カウンセラーは、クライエントの話を注意深く聴くことで、クライエントがお決まりの台本をどう解釈し、どこがよいと思っているかを理解する。

　例を挙げると、ある医学部進学課程の女子大生は『風と共に去りぬ』を何度も読み返していたが、その理由はヒロインのスカーレット・オハラに魅かれていたからであった。吟味する前のレベルでは、この学生は、どうしたら自身の女性らしさを放棄せずに医師になることができるかについて悩んでいた。彼女は、仕事と恋愛とを両立できないのではないかという自分の不安に、この小説が対処していることに気づいた。別のクライエントは、ヘミングウェイの『老人と海』を、自分の創造性と過感受性に向き合う寓話として、何度も読んでいた。彼もまた、自分の芸術を破壊するかもしれないサメと闘う方法を学ばなければならなかった。3人目のクライエントは、映画『ゴッドファーザー』を何度も見ていた。なぜなら彼女にとってその物語は、1つの価値体系を示し、生きるためのルールを教えることによって、コミュニティに秩序をもたらす人間の物語だったからである。彼女はその後、犯罪者ではなく作家となり、社会とその価値観についてコメントするラジオ・パーソナリティとなった。

質問4：指針となる言葉

　キャリアストーリー・インタビューの第4の主題は、クライエントが自分自身に対して行う助言に関するものである。カウンセラーはクライエントに、大好きな言いまわしを尋ねる。クライエントが指針となる言葉（motto、モットー）を持っていないときは、カウンセラーは聞いたことのある言いまわしを挙げてもらったり、その場で自分に向けた言いまわしを創り出してもらったりする。そうやって励ましていると、ためらいがちなクライエントでも何

らかの言葉を生み出してくれる。即興でクライエントが作り出した言葉から、彼ら自身がどう前進すべきかについてのクライエントの直感的な理解を引き出すことができる。クライエントの指針となる言葉には、通常、職業上の筋書きとして次のエピソードへと動き始めるための、彼らの直感的戦略が簡潔に言い表されている。ポカホンタスに憧れるクライエントは、「危険を冒さなければ何も得られない」という言葉を指針となる言葉として支持した。

質問5：幼少期の思い出

　最も個人的な質問は最後に行う。これまでの4つの主題について話し合う中で、クライエントはカウンセラーを信頼するようになり、最も重要な秘密とは言わないまでも、かなり根本的なストーリーを明らかにしても安全だと感じるようになる。また、キャリアストーリー・インタビューの一連の質問は、クライエントが個人的な捉われへと導くきっかけをもたらす。カウンセラーは、クライエントが自分のライフ・ストーリーに包み込まれている中核となる場面を考えることによって、クライエントにとっての人生についての信念を知ろうとする。幼少期の思い出という形で封じ込められているそれらのシーンは、カウンセラーに、クライエントの人生の見方についての視点を提示する。カウンセラーはクライエントの幼少期の思い出を、人が最も夢中になることを内包するメタファーおよび寓話と見ることができる。

　キャリア構成カウンセラーは通常、クライエントの人生の物語が始まった頃の、出発点ともいうべき最も古い記憶を知りたいと言って、クライエントの幼少期の思い出について尋ねる。一般的にカウンセラーは、多くのクライエントが彼らの捉われや現在の問題を、複数のストーリーの中に興味の対象および問題を求めることが多いため、幼少期の思い出を3つ挙げてもらう。カウンセラーは、それぞれの思い出について、クライエントにその状況、行動、その結果について話してもらう。カウンセラーはまたクライエントに、その行動を起こしたときに経験した気持ちに名前をつけてもらうこともある。こ

れが結果的に、クライエントがたびたび経験する気持ち、または彼らの人生を支配している情動であることも多い。

　クライエントが幼少期の思い出を3つ語るのを聴いた後、カウンセラーはクライエントに、それぞれのストーリーを振り返り、それぞれにその本質を突いた見出しをつけてもらう。カウンセラーはクライエントに、そのストーリーが明日の新聞に掲載されることになり、編集者が見出しをつける必要があると言っていると想像してみてほしいと言うこともある。カウンセラーはまた、その見出しには動詞を含めるようにと指示する場合もある。人生が動きによってエネルギーを得るように、新聞の見出しも動詞からエネルギーを得るからである。クライエントが何も思いつかないときは、カウンセラーはいくつかの提案をし、クライエントが納得できる見出しになるまで一緒に見直しを行っていく。クライエントとカウンセラーは、残りの2つの思い出についても同様に見出しをつけていく。

　カウンセラーとクライエントが幼少期の思い出に見出しをつけ終えたら、キャリアストーリー・インタビューは完結である。その後カウンセラーはクライエントに、ほかに何か話したいことはないか尋ねる。この時点でカウンセラーは、今回のセッションを通じて達成できたことを簡単にまとめ、次回のセッションで行う内容を伝え、次回セッションの準備として役立つ課題を与える。最後にクライエントには、いままで話し合ってきた内容について秘密を厳守することを必ず伝えなければならない。

　次のセッションへ進むための準備として、カウンセラーは、キャリアストーリー・インタビューに対するクライエントの応答の意味を査定する。これが次の第5章の主題である。

第5章
キャリアストーリー・アセスメント

　キャリアストーリー・インタビューの終了後、カウンセラーは、クライエントとのカウンセリングを始める前に、クライエントのストーリーの中で提示された意味を理解し、その意味とクライエントがカウンセリングを希望した最初の理由とを関連づける。そして、そのクライエントのストーリーを、明確に特徴を描写し、キャリア・テーマを浮き彫りにし、職業上の筋書きへつながるシナリオを想定できるようにクライエントのストーリーを語り直すための準備をしなければならない。ベテランのカウンセラーは、キャリアストーリー・インタビューと並行して、これらの準備を済ませ、インタビューを終えるとすぐにカウンセリングを始めることができるだろう。たとえばカウンセラーがクライエントとのセッションが1回しかない場合、彼らはその半分の時間をインタビューにあて、残りの半分をカウンセリングにあてるだろう。複数回セッションの機会がある場合は、インタビューのセッションとカウンセリングのセッションを別々に実施することができる。

　通常、キャリア構成カウンセラーは、1回目のセッションでキャリアストーリー・インタビューと同時にクライエントのキャリア構成を導き出し、2回目のセッションでクライエントに再構成したストーリーを物語り、クライエントと共に両者が納得できるアイデンティティ・ナラティブの共同構成を始め、3回目と4回目のセッションでカウンセリングを完了させ、コンサルテーションを終了させる。1回目と2回目のセッションの間を1週間ほど取るようにし、2回目と3回目のセッションの間は2〜4週間ほど取ることが望まし

い。1回目と2回目の間の1週間で、カウンセラーはアセスメント作業を実施し、2回目のセッションに備える。カウンセラーは、キャリアストーリー・インタビューに対するクライエントの応答を、クライエントが最初にカウンセリングを求めるに至った問題に対する表明となるライフ・ポートレートへと再構成する。

アセスメントの目標

　カウンセラーは、クライエントの応答を意味のあるパターンへと再構成するために、小さなストーリーを集めて、クライエントの職業上の筋書きおよびキャリア・テーマについての大きなストーリーへと組み立てる必要がある。私はこのより大きなストーリー、またはマクロナラティブを、**ライフ・ポートレート**（life portrait）と呼んでいる。カウンセラーはナラティブ・アーティストとして、一見したところほとんど関連性が見られない小さなストーリーを組み合わせて、明瞭で一貫性のあるアイデンティティ・ナラティブにするための心理的なポートレートを描き上げる。そしてクライエントとカウンセラーは、そのポートレートを用いて、協働して現在抱えている問題について熟考し内省する。通常、ライフ・ポートレートの検討の過程で、クライエントが方向感覚を失うジレンマまたは職業上のズレに対処するための、変成的学習のプロセスが促進される。

　カウンセラーは、自己、場、台本および戦略についてのマイクロナラティブを統合して、すべての小さなストーリーを包含するより高次のマクロナラティブを作ることによって、ライフ・ポートレートの最初の下絵を描く。ここで読者は、あなたが最近鑑賞した美術館の特別展で作品がどう展示されていたかについて思い出してほしい。この本を執筆するにあたり、私は、アンセル・アダムスの写真展を観に行った。写真展の学芸員は、ただ写真を集め、展示していただけではなかった。彼は写真を、その根底にある美学を浮かび

上がらせる形で作品を展示していた。彼はバラバラなイメージや感情を物語にするナラティブな能力を使って、他者でも理解できる明快で一貫性のあるテーマを反映した体験型の1つの作品へと変成させていた。

　同様にカウンセラーも、クライエントの小さなストーリーをよりいきいきとしたものにし、意味を明らかにし、問題となっている生活を描き出せるように、再配置する必要がある。無数の小さなストーリーから要素を吸収し、生きるための資源を提供する大きなストーリー、すなわちナラティブ・アイデンティティを、カウンセラーは再構成する。自己、場、台本および戦略という枠にはめることによって、マイクロナラティブが統合され、クライエントがカウンセリングに持ち込んだ捉われに取り組むためのマクロナラティブな説明へと再構成される。マイクロナラティブを再構成することにより、理解、意図および行動が促進される。これは、クライエントの人生に語らせること、特に、目の前の直面している問題について語らせることを意図している。

　アンセル・アダムスの写真展に関連して、次の話がある。1933年、アダムスは彼の作品をニューヨークに持ち込んだ。有名なモダニストの写真家アルフレッド・スティーグリッツに批評してもらうためである。アダムスは、スティーグリッツは何も教えてくれなかったと述べている。アダムスが自分の作品をスティーグリッツに見せたとき、スティーグリッツはそれらの写真について議論した。その議論によって、「自分が私自身をあらわにしてくれた」とアダムスは述べている。後にアダムスは、スティーグリッツへの手紙で、「あなたを訪ねたことによって、私の視点にある種の革命——たぶん、単純化という言葉のほうがふさわしいかもしれない——が起きました……自分の作品が突然、自分にとって何か新しいものになってきたのです。これまでになく新しく、刺激的なものに」(Adams, 1936)。カウンセラーもこの例を目標として、クライエントのストーリーを体系化し、クライエントにクライエント自身をあらわにするように、描き出すのである。

　キャリア・テーマを見つけ出し、それを明確化するために、カウンセラーは物語にする能力（narrative competence）を磨く必要がある。この物語にす

る能力についての好例を映画監督のマーティン・スコセッシに見ることができる。彼は物語にする能力とは、バラバラなイメージを明確かつ一貫性のあるストーリーに変容させる能力であると説明した。スコセッシ監督は、映画『ボブ・ディラン　ノー・ディレクション・ホーム（*No Direction Home: Bob Dylan*）』（Scorsese, 2005）の制作にあたり、10時間におよぶインタビューと300時間におよぶコンサート・ビデオの中からテーマを見つけ出さなければならなかった。監督は、ストーリーを考えるにあたり、「全映像、すなわち彼の人生の中からナラティブを見つけ出し」その偉大な歌手の長い旅路のストーリーを観客に語りかけるように語った。スコセッシはボブ・ディランが自分の気持ちを説明するために用いた言葉に注目した。最終的にスコセッシは、ボブ・ディランがインタビューの中で語った言葉で中核となるテーマを表現した。「ぼくは家に帰ろうとしているだけなんだ」。スコセッシはこのテーマを、ボブ・ディランの最も有名な曲『ライク・ア・ローリング・ストーン』の歌詞を使って作り上げた。その曲でボブ・ディランは、「自分自身であること」をどんな風に感じているかを、そのメタファー「転がる石のように（like a rolling stone）」で表現した。そのためスコセッシの映画の題名は、ボブ・ディランの生涯にわたる闘い、すなわち「家に帰る道（direction home）」を見つけるための闘いを象徴している。

　スコセッシによって示された物語にする能力を開発するために、カウンセラーは、3つの能力を身につける必要がある。第1の能力は、**ストーリーに入っていく**（entering the story）能力であり、それには、ストーリーを抱きとめ、ネガティブな状況や感覚に注意を向け、ストーリーの雰囲気を感じ、その痛みを受け止め、曖昧さに寛容となるための直感と共感が求められる。

　第2の能力は、**ストーリーを理解する**能力（understanding the story）であり、その中心となるのは、キャリア・テーマを認識し、クライエントのメタファーを用いてそれを表現する能力である。そのようなメタファーの一例が、『ライク・ア・ローリング・ストーン』の一節「帰り道がみつからない（No direction home）」である。完全主義を盾に世界から隠れていたあるクライエン

トは、「仮面をかぶる」というメタファーを使っていた。化学の教授で、同じく世界に背を向けていたもうひとりのクライエントは、「私は大学に避難していた」と語った。第3の能力は、**意味を精緻化する**能力（elaborating meaning）であり、その中心となるのは、複数の視点から異なるさまざまな解釈を考え、行動のための新たな可能性を開く新しい意味を想像する能力である。この能力を示すよい例がある。ロックバンド、パール・ジャムのリード・ボーカル、エディ・ヴェダーは、聴衆が彼の曲『アライヴ（*Alive*）』の歌詞を彼とは異なった解釈をしたことで、その言葉の意味を、呪いから祝福の言葉に変えていった様子を説明した（Vedder, 2008）。パール・ジャムのファンと同様にカウンセラーも、クライエントのストーリーの注意深い聴き役とならなければならない。なぜなら優れた聴き役は、ストーリーをよりよいものにするからである。

このような、物語にする能力を用いてクライエントの人生とキャリアを表現するにあたり、カウンセラーはその中を貫いて流れるテーマを強調するように描き出す。そのマクロナラティブは、現在の状況の展開を再構成するために妥当性のあるキャラクター・アークを含んでいなければならない。広範にわたるアークを伴うナラティブは、より完全なものになってゆく感覚を伴って、全体的な方向性と人生の目的を提示する。

ストーリーごとに、カウンセラーは、時々起こる特殊性によって強化される洞察と、よりのかかっていない糸を使って、大きなナラティブへと再構成する。ナラティブは、これらの細部によって妥当性を獲得する。また、経験を同化し、因果関係を再構成して、新たな理解を提供することにより、意味が喚起されなければならない。そのライフ・ポートレートを、体系化することにより、現在抱えているジレンマを打開するための自伝的エージェンシーを高めるように体系化されねばならない。ライフ・ポートレートは、行動のための新しい可能性を開き、時には、キャラクター・アークを希望に満ちた方向へ向けることによって、変化を促すものでなければならない。カウンセラーは、エージェンシーはストーリーの体系の中に宿ることを忘れてはなら

ない。アイデンティティ・ナラティブは、現在何が問題であるかを明確にし、エージェンシーを強化することを通じて、クライエントが人生を強化する決断を行うために必要な勇気と、世界に再び入っていくために必要な確信を獲得するのを支えるものでなければならない。

パターンおよび問題のアセスメント

　マクロナラティブは、日常生活のマイクロナラティブを、「われわれの自己理解を確固たるものにし、感情の特質となる目標範囲を特定し、現実の世界という舞台の上の行為の案内となる」（Neimeyer, 2004b）物語へと組み込む。キャリア構成理論（Savickas, 2005）では、クライエントのマイクロナラティブを、クライエントが過去を理解し、現在の状況を定義し、次に何をなすべきかを見通すための包括的で一貫性のあるアイデンティティ・ナラティブへと再構成するための概念的枠組みを提供する。その枠組みは、3つの一般原理を基盤としている。

　第1に、ナラティブは、クライエントの現在の経験を同化するものでなければならないという原理である。ナラティブがクライエントによって聴き入れられるものであるためには、それはクライエントの現在の考え方と十分に適合するものでなければならない。それが前にクライエントによって話されたストーリーとかけ離れすぎていると、クライエントはそれを理解できないかもしれず、活用することができないかもしれない。第2に、ナラティブは、クライエントがコンサルテーションに持ち込んだストーリーの中にある断絶を、一貫性のある方法で埋める、新たな素材を提供するものでなければならない。その新たな素材は、クライエントが納得できると思える形で、彼らが前に話したストーリーを精緻化するものでなければならない。その精緻化は、それによってクライエントが自己と状況を再構成することができる新しい意味を提示するものでなければならない。そして第3に、新しい視点とより深

い意味を伴うマクロナラティブによって、クライエントを元気づけ、行動へと向かわせるべき原理である。

パターンの設定

　キャリアストーリー・インタビューに対するクライエントの応答を用いて、カウンセラーは、さまざまな物語によって出来上がっているコラージュを検討し、ナラティブ・アイデンティティの核となるテーマを強調しているパターンを特定する必要がある。クライエントのストーリーの登場人物、場、環境はそれぞれ異なるが、通常、それぞれのストーリーによって増幅されるある共通のテーマを有している。この増幅によってカウンセラーは、ストーリーの雑音の中に潜んでいる、ある1つのメロディーを聴き分けることができる。キャリア構成カウンセラーは、体系的な手順に従い、多様なマイクロナラティブをマクロナラティブへとうまく合わせてゆく。カウンセラーは、クライエントの経験、期待および説明を関連づけるにあたり、指針となる作文手順の書式（writing routine）を適用する。とはいえ、ライフ・ポートレートを作成するためには、この決められた手順に従う以上のことが必要である。カウンセラーは、自分自身の直観と考えを用いて、それらの要素を体系化し、これに命を吹き込まなければならない。

　ライフ・ポートレートを描く際に重要なことは、マクロナラティブを構成するパターン、すなわちキャリア・テーマを特定することである。パターンとは、クライエントにとって最も重要な事物を結びつける、暗に示された構造のことである。クライエントがじっくり考えるために必要な意味のあるマクロナラティブを作るために、カウンセラーはパターンを認識できなければならない。現実とは、加工していない経験であり、それは混沌として、予測不可能かつ、ランダムなものである。経験は形を持たずに流れる水に似ている。水を含んだグラスに似て、意識の流れに形を与えると、ストーリーは経験を内に含む。

キャリア構成カウンセラーも、クライエントのマイクロストーリーをあるパターンに保つ器を必要とする。あるパターンを当てはめることによって、カウンセラーは出来事を選択し、それらをマクロナラティブに形づくることが可能となる。マクロナラティブがクライエントに自分自身の考えを見つめる新しい方法をもたらすならば、カウンセリングは成功といえる。必ずしも新しい考えを提供する必要はないのである。プルーストが的確に表現したように、「本当の発見の航海は、新しい大陸を探すことにあるのではなく、新たな視点で見ることにある」[*1] (Proust, 1923)。ロジャーズが述べたように、カウンセラーの役割は、クライエントが「古い事実を新たな視点から見つめ」(Rogers, 1942)、慣れ親しんだストーリーの間に新たな関連性を発見し、新しいパターンの意味を受け容れるのを支援することである。カウンセリングは、すでにそこにあるものを照らし出すのである。このようにしてキャリアストーリー・アセスメントの質問手順は、クライエントのストーリーの中にあるパターンを照らし出すための枠組みを提供する。

　その質問手順の各要素については、読者はすでによく知っている。すなわち、自己について述べ、その自己をある場の中に置き、自己が演じるための台本を付け加え、その台本を実演するための戦略を明確に表現するという作業が行われる。このナラティブ構成のための質問手順によって、重要な出来事に光を当て、無関係な細部にとらわれない、信頼できる構造が生まれる。それはマイクロストーリーをマクロナラティブへ導く、包括的で一貫性と継続性がある構造を提供する。

　ここでも再び、注意すべきことがある。アセスメント手順は、カウンセラーに出発点と「安心毛布」[*2]を与えることによってカウンセラーの想像力を高めることを意図したものであり、その手順を厳格に当てはめようとしすぎてはならない。そうではなくカウンセラーは常に、クライエントがカウンセリングに何を求めて訪れたのかを念頭に置きながら、その手順を柔軟に適用

---

*1　マルセル・プルースト『失われた時を求めて』第五篇『囚われの女』より。
*2　人が事物に執着して安心感を得ている状態。漫画『ピーナッツ』に登場するライナスがいつも毛布を持っていることから、「ライナスの毛布」と呼ばれることもある。

すべきである。手順を変える可能性を開いておくことによって、マクロナラティブはクライエントの必要性に応じて発展することができる。カウンセラーの好みに応じて発展させられるものであってはならない。手順を厳格に当てはめるだけでは、ありふれた単純すぎるマクロナラティブしか生まれない。確かに経験の単純化は、マクロナラティブを作成する1つの目標ではある。しかしその単純化は、一面的であることを避けるために、人生の複雑さを保持する体系化によってバランスを取る必要がある。秩序は複雑なものを単純化するが、それ自体を単純なものにする必要はない。組織化は複雑さを、中心となる意味に光を当て、認識可能なデザインへと再構成する。

　小さなストーリーをアイデンティティ・ナラティブに統合するために、キャリアストーリー・アセスメントの質問手順は8つの要素を含んでいる。アセスメント質問手順の最初の——おそらく最も重要なものになる——2つの要素は、クライエントがカウンセリングを訪れた目標を再確認することによって問題を明らかにすることであり、次に、キャラクター・アークの根底にある捉われを特定することにより、パターンを認識することである。

クライエントの目標の再確認

　カウンセラーは、クライエントがカウンセリングでの経験をどのように活かしたいかを再確認することから、アセスメントを始める。そのクライエントの目標によって、その後のマイクロストーリーの検討およびこれに続くカウンセリングの焦点が絞られる。クライエントの目標は、ストーリーを選別するためのフィルターとなる。

　たとえば、「あなたがキャリアを構成していくうえで、私はどのようなお役に立てるでしょうか？」という冒頭の質問に対して、あるクライエントは、「自分がなぜ専攻を選べないのかがわからない。選択にあたって、力を貸してほしい」と答えた。ここから2つのことが明らかになった。彼女はなぜ自分が選択することができないのかその理由を私に教えてほしいと思っている

こと、そして意志決定能力を高めたいと思っていることである。彼女は意志決定することの不安によって動けなくなっているように見えた。彼女のキャリアストーリーを再確認するにあたり、私は意志決定に直面したときの彼女の態度と経験に耳を傾けた。私は特に、意志決定が彼女のライフ・テーマにどのように関係しているかに興味を持った。その結果、彼女のライフ・テーマが、押し付けられた母の目標によって支配されたことから自由になるための闘いであることがわかった。彼女は、少なくとも最初の時点では、どの選択肢を選ぶかについての助言を求めていたのではなかった、ということに注目してほしい。彼女は何よりも、何が自分を押さえつけているのかを知りたかったのである。

　別のクライエントは、冒頭の質問に、自分の強みと弱みを知りたいと答えた。彼女は、1つの仕事に集中することが難しいと感じていた。すぐに、「1つのことに集中できない」ということが彼女の中心的な問題であることがわかった。彼女は、自分の強みはジェネラリストであり、スペシャリストではないことを認識していた。

　3人目のクライエントは、自分の大学院課程の選択が正しかったということを再確認したいと言った。もちろん、自分の選択は正しかったと確信していることは、すぐに明らかとなった。しかし、彼は責任感の強い長男として、その選択について、権威ある人から安心させてもらいたかったのだ。

捉われを特定する

　アセスメント手順の2番目のステップで、カウンセラーはクライエントの幼少期の思い出について考察し、キャラクター・アークの根底にある捉われを特定する。アドラーは、クライエントから職業ガイダンスを求められたときは、いつもクライエントの人生の最初の数年間の思い出について質問すると書いている（Adler, 1931）。この時期の記憶は、人が自分自身に対し、最も持続的に、何を鍛え上げてきたかを決定的に示すものであると考えた。ウィリ

アム・ジェームズは、クライエントの原初的な世界体験の中のある特徴的な出来事がその人に非常に強い印象を与えているため、それ以降その人は、それをアナロジーとして用いて重大な状況を理解するようになると考えていた（Barzun, 1983）。個人の人生を向上させ、習慣を変えるためには、人生のアナロジーを総合的に認識した上で、より効果が高い人生の方向付けを選択する必要があるとしている（Barzun, 1983）。キャリア構成カウンセラーもアドラーとジェームズの考え方に同意して、幼少期のストーリーを用いて、クライエントがその人生のためのアナロジーを理解し評価できるようにすることを支持している。

　カウンセラーがクライエントに幼少期の思い出を質問するのは、クライエントが初めて人生に目覚め、自分の世界にどう関わっていくのかを心に決めた時点から、それらの記憶がストーリーを生み出すからである。この時期に子どもは、自分たちの視点から世界を理解し、その世界に関わっていくためのペルソナ（persona）または仮面（mask）を形成し始める。幼少期の思い出は、自分自身について、他者について、そして世界についてのクライエントの基本的な理解を表象する根源的な経験を描写している。これらの記憶は試金石として、生きていくための指針を定め、その行動におけるアナロジーを示す原型となる。幼少期の思い出は、子どもの頃に学んだ教訓をその後の人生の中にも伝えていく。カウンセラーは、クライエントがこれらのアナロジーを自分に対して頻繁に繰り返し、その都度新たな状況における意味を刻み込むことによって、絶えずいきいきとしたものに保とうとしている、その中核的な意味を理解したいと考えている。

　幼少期の思い出は、こうした基本的な情報を描き出しているため、カウンセラーは、マクロナラティブを開始するために、それらをナラティブを促す触媒として用いる。ある意味カウンセラーは、クライエントのライフ・ストーリーが始まるところから出発する。とはいえカウンセラーが探し求めているのは、文字通りのライフ・ストーリーの始まりそのものではない。そうではなく、人生に対する基本的な向き合い方である。それゆえカウンセラーは、

クライエントの幼少期の思い出を調べるにあたり、その人を構成している捉われに焦点を合わせる。それらの捉われはとても重要なものであり、クライエントの人生の中心的な原動力となる。それらによって自己とアイデンティティは定義される。小説家のアガサ・クリスティは、自伝の中で次のように書いている。「人の記憶は、たとえそれが重要でないように見えても、最も真実の自分自身としての内的自己を表象している、と私は本当に考えている」(Christie, 1977)。

　幼少期の思い出から、どのような経験がクライエントの人生に魔法をかけたかがわかる。それらの強い特徴を持つストーリーは、古くそして、奥深くに潜んでいる。その覚醒された記憶からは、しばしばクライエントの秘密と、クライエントが直面している試練を浮かび上がらせる。幼少期の思い出は、ライフ・ストーリーが凝縮したものであり、人生の基本的なテーマ――すなわち、支配的で反復するテーマ――を示す。幼少期の思い出は、クライエントが無視することのできない問題に注意を集中させる。これらの問題のまわりをめぐって助けを求めてくるクライエントもいるかもしれないが、カウンセラーは、クライエントがこれらの問題に取り組み、解決するのを支援しなければならない。カウンセラーの仕事は、それらの記憶を全面的にクライエントの人生に持ち込むことにより、クライエントがそこからの教訓を得て、その指令から脱構成できるように支援することである。

　キャリア構成カウンセリングの場合、クライエントがどのように仕事を通じて試練を乗り越えることができるかに焦点が向けられる。カウンセラーは、幼少期の思い出を聴くことによって、クライエントの神秘的な本質を引き出し、クライエントがカウンセリングに持ち込んだ職業選択および職場適応の問題に、意味と最大の情熱を注入する。カウンセラーの目標は、クライエントの真髄を、いかにして日常生活のありふれた活動に植え付けることができるかを、クライエントに示すことである。

幼少期の思い出を用いる理由

　キャリア構成カウンセラーは、「決定的瞬間」(McAdams, 1993)、「核となるシーン」(Carlson, 1981)、「サクセス・ストーリー」(Haldane, 1975) などの伝記的ストーリーではなく、なぜ幼少期の思い出を用いるのかと疑問を抱く読者がいるかもしれない。これらのタイプのナラティブは、いずれもクライエントの捉われの理解の一助とはなる。しかしながら、私は幼少期の思い出を選択した。なぜなら、幼少期の思い出という基礎的なストーリーは、それ以降のストーリーとは異なり、クライエントの個人的なドラマの脈打つ核心を衝いているからである。幼少期の思い出は、その人の自己説明という全作品の中心的なストーリーを示している。幼少期の思い出は、クライエントの原型的なスキーマの典型として、余計な細部にとらわれることなく、単独の、単純で一貫性のある行動を伝えているからである。それらは、人が生きてきた真実を描き出す簡潔なナラティブである。寓話と同様に、幼少期の思い出は、具体的なナラティブを用いて、人生に関する抽象的な結論を呈示する。ある意味で、それらにはクライエントの信念および強い願望など、クライエントが生きるための処方箋が含まれている。さらに幼少期の思い出は、人生の寓話として、暗黙かつ黙示的な、同時進行した、象徴的な意味を有していることが多い。それゆえカウンセラーは、困難で複雑な問題についてより話し合いやすくするために、メタファーとして象徴的な言語を使うのである。

　幼少期の思い出は、クライエントがトラブルとして経験した問題に対処するものであるため、クライエントの自己表出を喚起することが多い。カウンセラーは、そのときに表されるクライエントのこれらの感情を期待し、歓迎すらする。というのもカウンセラーは、クライエントが幼少期の思い出について物語るとき、彼らは現時点で対処したいと思っている感情を表出するからである。カウンセラーは注意深く、そこに感じられた意味（felt meaning）をたどる。なぜならそれは、クライエントが成長するための起点を示し、何に注意を向ける必要があるかを示しているからである。この感情は、通常、ク

ライエントがカウンセリングを訪ねる理由となったキャリア上の問題によって呼び起こされた感情とまさに同一のものである。これらの感情に対処することによって、クライエントが自己を再編成するテコの支点と新たな行動を起こすためのエネルギーが与えられる。

　経験の少ないカウンセラーは、クライエントの幼少期の思い出とそれに伴う感情が、現在発現している状況に直接関係している場合が多いことに驚くかもしれない。しかしベテランのカウンセラーは、記憶を呼び起こすことがひとつの適応行動であり、それによって人は現在の問題に対処し、未来に向けて準備することができることを知っている。クライエントは自己治癒および個人的成長のために、話すべきストーリーを選択するのである。クライエントは、話すことができるすべてのストーリーの中から、自分自身が聴く必要のあると考えるストーリーを選び出し、語るのである。幼少期の思い出は、過去を表出させるものではあるが、それはクライエントの過去ではなく、現在の状況および、クライエントの将来の行動について取り組むために用いるのである。多くの理論家が、過去の記憶は強く未来への投影に関係していると考えており、「記憶は何よりもまず第一に未来についてのものだ」（Fivush, 2011）という理論家さえいる。

　記憶は現在に属するものであり、現在の自己の掘り出された過去の資源ではない。現在の活動は常に記憶を変えるが、記憶それ自体は常に現在の意味を保持しているのである。

　ここで、ウィトゲンシュタインの有限パラドックスの例について考えてみよう。ウィトゲンシュタインは、有限な数列は、さまざまな方法で続けることができると述べた（Wittgenstein, 1953）。たとえば、「2，4，8」という数列は、その後10でも16でもあるいは31でも、規則的に続いているということができる。4番目の数字は、それに先行する数列の意味を変化させるのである。

　人生についても同じことが言える。新しい経験は、それに先行する経験の意味を変えることがあるのである。実際に人は、記憶とその意味を再構成して、自己と社会についてのストーリーを語る。それらは、現在の目標を支え

て、未来の活動を鼓舞するものである。こうして記憶は、現在の状況のニーズを満たすような形でリメンバリングされ、再構成される。次に起こることが、それまでに起こったことの意味を再構成するのである。幼少期の思い出を語りながら、クライエントは、思い出した経験についての語りの中に自己を遡って読み込む。現在のクライエントが語ることによって、現在の視点からの解釈が得られる。クライエントはリメンバリングするという行為の中で、過去の知識を積極的に使って、現在の状況を理解しようとしているのである。

ナラティブな真実

　ユダヤの古い謎かけに、「真実よりももっと真実なものは何？」というのがある。答えは、「ストーリー」である。幼少期の思い出は、個人的な真実を扱ったものであり、作り話として語られることもある。幼少期の思い出は、歴史的な事実を伝えていないかもしれない。つまり、現在において過去をリメンバリングする場合、実際には「事実」を歪曲したりでっち上げていることがあるかもしれないからである。幼少期の思い出は、事実ではなく、現在から見た過去の真実を伝えているのである。キャリア構成カウンセラーは、そうしたナラティブの真実性を歴史的な事実と取り違えて認識してはならない。

　一例を挙げると、あるクライエントは5歳の頃の思い出を語ったが、内容はベッドに横たわり、クリスマスプレゼントにカウボーイ・ブーツがほしいと祈ったというものだった。彼は、誰かに頼りたいが頼る人がいないと感じているいまの個人的真実を象徴化するために、事実を曲げて話していた。クライエントは無作為に歴史的事実を歪曲するわけではない。クライエントは、過去の出来事が現在の選択をサポートし、将来の行動のための基礎づくりをするように過去の事実を再構成するのである。ナラティブを語るときはいつも、そこには文脈や目的があり、聴き手が異なっている。それゆえ、それぞれのナラティブにおいて、変化に直面したときに継続性と一貫性を保持するために過去を作り話にしていることもありうるのである。

　歴史的事実は正確である必要があるが、個人的真実は妥当であればいい。こ

こで重要なことは、カウンセラーもクライエントも、幼少期の思い出が未来を決定すると考えるのではなく、ストーリーを語ることは、意味を作り出し未来を形づくるための積極的な試みと考える必要がある。それらのストーリーは、機会と抑制をアセスメントすることを通じて、適応の指針となる。ストーリーを語ることによってクライエントは、可能な未来を構成するような形で、過去をリメンバリングするのである。過去をリメンバリングすることは、人が現在に対処し、未来に向けた準備をすることを可能にするための、適応行動なのである。

ストーリーが示す断絶

　幼少期の思い出を理解する方法は数多くある。キャリア構成カウンセラーは幼少期の思い出を、クライエントの心の穴を映し出すレントゲン写真のように扱う。穴やひび、傷は、人が失ったもの、欠けているもの、求めているものを示している。幼少期の思い出は、クライエントが傷ついた心を癒したいという願望から生じたナラティブである。多くの理論家が、ストーリーは断絶（ギャップ）、または予期しなかった出来事についてのものだと述べている。すべてがあるべき形で進んでいれば、そこにストーリーの必要性はない。逸脱が生じたとき、その経験を理解するためにストーリーが必要になる。キャリア構成カウンセラーは、幼少期の思い出を、人生における逸脱を示すものと考えている。それは、クライエントが、経験と説明の間の断絶を閉ざす試みであることが多い。それは、起きるべきではなかったこと、起きてはいけなかったことについての説明である。

　多くの場合、幼少期の思い出に出てくる状況は、ある困難な問題であり、クライエントが何よりも解決したいと思っている問題を示すものである。とはいえ、正確には問題とは呼べないような幼少期の思い出を報告し、「問題」という言葉にたじろぐクライエントもいる。しかしそれでもなお、その幼少期の思い出の中には、ある捉われが横たわっているのである。人生における断絶が痛みを伴うものであればあるほど、その断絶を埋めたい、間違いを正し

たい、逸脱を是正したいという、その人の捉われはそれだけ強くなる。いろいろな意味で人生とは、心に空いた穴を埋めることによってより全体的になるための反復的な試みであると考えることができる。その試みを繰り返すたびに、より習熟度を高めて、ある種の逸脱を繰り返すのである。

　このようにカウンセラーは、クライエントの幼少期の思い出を理解する中で、クライエントの人生の滋養となっている概念を理解しようと努める。カウンセラーは、クライエントが語る幼少期の思い出を、現在の職業における課題、職業上のズレ、働く人のトラウマに関連する主題となる問題が、反復して象徴的に現れるととらえることによってこれを行う。このように、幼少期の思い出は直接的にクライエントがカウンセリングを訪ねるに至った理由と結びついているのであり、それゆえいまクライエント自身が聴く必要のあるストーリーなのである。

　幼少期の思い出を2つの観点から考えることが有益である。第1に、その幼少期の思い出は、現在の問題についての要約となりうるものとして分析することである。換言すると、カウンセラーは、その幼少期の思い出はクライエントの現在の問題を正しく要約したものであるかどうかを自問することである。第2に、その幼少期の思い出はまた、クライエントのキャラクター・アークの根底をなす捉われでもあるのではないかと考えて再調査することができる。通常、1つの幼少期の思い出の中に、永続的な捉われと現在の問題の両方を認識することは難しくはない。また、2つのうちの一方だけが明らかに顕在化している場合もある。いずれにせよ、思い出の中には常に重要なものが埋め込まれている。

　幼少期の思い出をナラティブの触媒として用いて、カウンセラーはストーリーの中にある際立ったものを増幅させ、より深い理解を得て、よりよい再評価をすることができる。カウンセラーは、ユング派の増幅法の技法を適用するにあたり、特定の動詞に関する要素またはイメージについてできるかぎりの知見を集める。カウンセラーはクライエントが最初に使った動詞に注目し、「私はこの動詞を以前どこかで聞いたことがあるでしょうか」と尋ねる。

私は最近あるクライエントのカウンセリングを終えたばかりだが、彼は最初の幼少期の思い出について語るとき、「新しい家に引っ越した（moving to a new house）ことを覚えています」という言葉で始めた。そこで私は、彼の「引っ越す（moving）」という動詞を増幅した。引っ越すという動詞が、彼の人生に頻繁に現れるある行為を象徴していると考えたからである。そこでこのクライエントの場合、私は、彼が引っ越すことに敏感になっているのではないか、引っ越すことを楽しんでいるのか、いつも移動している状態が好きなのではないか、いつも動いて落ち着きがない人なのか、動かされているのか、動機を持っているのか、動かないでいることを嫌っているのかに注目した。私はまた、彼が言う「引っ越した」は、新しい家へのものであることに着目した。そこで、新しい状況へと動くことが重要なテーマであると私は考えた。それはおそらく、肯定的な要因と否定的な要因の両方を含んでいるだろうと考えた。
　幼少期の思い出の2番目のストーリーとして、彼は引っ越し先に適応するのに苦労したことを思い出した。ある日彼は坂道を上るために必死で自転車をこいでいた。坂道をずり落ちてそのまま泥沼に落ち込むのを避けるためだった。これら2つの思い出は、彼がこれまでとはまったく違う新しい職場に移動し、そこで必死に働いているが、自分ではどうすることもできない力によって引きずり降ろされそうになっているという、彼が現在抱えているキャリア上の問題を象徴していた。
　第2の例は、キャリア構成カウンセリングについての1学期間の講義を修了したばかりの学生に関するものである。彼は修了試験を終えて出ていくとき、私に、自分は幼少期の思い出をそれほど重要視していない、と言った。そこで私は彼に、一番古い幼少期の思い出を尋ねた。彼は「誰かが私のおしめを替えよう（change）としたが、私は替えて（change）ほしくなかった。このことからいったい、何があるのでしょうか？」と答えた。彼が二度繰り返して「替える（change）」という動詞を使ったのを聞いて、私はそれを増幅することにした。私は彼に、変わること、置き換えること、進展すること、変容する

こと、移転すること、特に自分や他者が望まないのに「変わる（change）」ことに、あなたの心は占有されているのではないかと尋ねた。彼はすぐに、心理学で最も興味を持っている問題は転機であり、学位論文は、故郷を追われアメリカに移住してきた難民についての研究であると答えた。彼は教室を出るときには、幼少期の思い出の有用性について考えを変える（change）ことを検討していた。

ストーリーの連続性の分析

　クライエントに幼少期の思い出を語ってもらうとき、3つ話してもらうのはよい方法である。というのは、人は多くの場合、いくつかのストーリーの中で捉われを探索するからである。最初の幼少期の思い出は、クライエントが他をさしおいて気にしている問題、すなわち捉われを告げている。第2の思い出は、必ずとは言えないが多くの場合、その心を占めている関心事を繰り返すか、あるいは第2のストーリーで詳しく述べる。そして第3の思い出は、しばしば、潜在的な解決策を指し示している場合が多い。

　例として、先ほどのクライエントを思い出してほしい。第1の思い出として新しい家に引っ越したこと、第2の思い出として引っ越し先で適応することに苦労していることを挙げた。彼の第3の思い出は、可能性のある解決法を指し示していた。その思い出とは、彼が4歳になったとき、彼の母親が誕生日プレゼントとしてバースデー・カードを何枚も買ってくれたことであった。母親がそのカードを彼に読んで聞かせてくれたとき、彼は、人は紙に書いてあることを声に出して読むことができ、それを理解することができることに驚いたという。彼は「私は驚きの気持ちでいっぱいでした」と語った。おそらく紙の上に書かれている言葉というものが、「引きずり降ろされるという問題」の解決策となるだろう。

　彼は、同じ職業の中で10以上の職位に就いたり離れたりしながらキャリアの移動を繰り返してきたが、55歳になって職業を変えることについてカウンセリングを受けることにした。彼は経済的な心配はないので、何か新しいこ

とを始めたいと考えていた。すぐに、新しいこととは、自己啓発に関する講演を行い、本を執筆することであると判明した。彼の得意とする分野は、いかに失敗することなしに新しい状況に適応するかという内容になりそうであった。このストーリーの連続性の例が特定のクライエントにのみ当てはまるものであるかどうかは別にして、カウンセラーは第1の思い出の中に問題の提示を、第2の思い出の中にその反復を、そして第3の思い出の中にその解決法を探し出すことが有益であろう。3つの思い出をつなぎ止めている1本のより糸の存在を示す連続性の中に、深い意味が見つかるかもしれない。

　多くのキャリア構成カウンセラーは、クライエントがそれぞれの思い出につけた、3つの見出しを順番に読むことが特に役立つことを発見するだろう。見出しはストーリーを抽出したものであるがゆえに、それらを順番に読んでいくことによって大きなストーリーが語られることが多々ある。

　キャリアの転換を考えてカウンセリングを訪ねたある女性科学者の例を考えてみよう。彼女は仕事が面白くなく、同僚にもなじめなかった。そして認定機関から研究助成資金を得ることにも失敗していた。彼女が幼少期の3つの思い出に与えた見出しを連続して読むと、「責任のある人」、「彼女はどうしていいかわからなかった」、「ばかげていると感じる」であった。この3つの見出しを彼女に読んで聞かせると、それが強力なナラティブの触媒となることがわかった。彼女は、雇用主から自分にはできない仕事について責任を押し付けられて、ばかばかしいと感じていた。彼女はキャリア・カウンセリングが終わるとすぐに、研究科学者から、小さな教養大学の科学の教授に転職した。彼女は教授としてすぐに仕事を楽しむことができた。そのうえ彼女は、学生の能力に適した別の専攻を選ぶように助言するアカデミック・アドバイザーに就任し、それについても満足を感じていた。

　こうしたストーリーの連続性を分析することに関して、マグダ・アーノルドが『Story Sequence Analysis』（Arnold, 1962）で示している原理と方法は、カウンセラーに多くの指針を与えてくれるだろう。また、幼少期の思い出を活用する技術全般をもっと高めたいと考えているカウンセラーには、カウンセリ

ングと心理療法における幼少期の思い出の活用に関するアーサー・クラークの本『Early Recorrections: Theory and Practice in counseling and psychotherapy』(Clark, 2002)を一読することをお勧めする。

カウンセラーの資質

　私は、カウンセラーが決められた手順として、幼少期の思い出について質問することを提案する。多くのクライエントが、目の前に抱えている問題と関係があり、かつクライエント自身が取り組む用意ができている幼少期の思い出を誰かに語ることによって自分を守っている。それゆえカウンセラーは、アセスメント手順を実施している際も、クライエントの捉われに対して発言できるかどうか、もしできるならばどのようにしてできるのかを決めることができる。クライエントにどの程度情動的な準備が整っているか、そしてカウンセラーの心がどの程度平穏であるかによって、幼少期の思い出について、表面的になぞる程度から深く入っていく程度まで、さまざまなレベルで話し合うことになるだろう。たとえ幼少期の思い出についてカウンセリングでまったく話し合うことができなかったとしても、クライエントの核となる関心事を理解することは、精妙なライフ・ポートレートを描くにあたってはおおいに役立つ。

　カウンセラーの中には、このような私の提案に反対する人もいる。彼らは、初心のカウンセラーは、クライエントの抱えている問題に向き合う準備や、クライエントが幼少期の思い出を語る中であらわにした心の痛みを受け止めることができないと考えているからである。カウンセリング関係は、支持的環境を提供する。その環境とは、クライエントが安心して自由に自己表現をすることができる許容的環境を提供するものであり、それは困難なストーリーについての話し合いを文化的に構成するものである。カウンセラーはクライエントのストーリーを抱きとめ、それに誠実に取り組むことができなければならない。幼少期の思い出は通常、自己解釈を喚起し、クライエントはそれ

を感じられた意味として遂行する。それゆえカウンセラーが強い感情に対処する覚悟ができていないときは、カウンセラーは幼少期の思い出について質問するべきではない。

　カウンセラーの判断によって幼少期の思い出を質問しない場合、および時間的制限からそうせざるを得ないときは、カウンセラーは、ロールモデルについての最初の質問に対するクライエントの応答の中から、クライエントの現在の問題点と捉われを探し出す。このロールモデルは、クライエントがカウンセリングを訪ねるに至った問題に対するクライエント自身が提示する解決法を示しており、それゆえカウンセラーはその解決法だけに集中することができ、クライエントの捉われや心の痛みに直接触れることを避けることができる。たとえば、クライエントが勇気あるヒロインをロールモデルとして挙げたときは、幼少期の思い出はおそらく恐怖を感じた思い出を暗示している。またよくある例として、外交的なロールモデルを挙げたときは、クライエントは内気という問題を、あるいは独立心の強いロールモデルを挙げたときは、クライエントは自分の依存的という問題を抱えていると見ることができる。

　幼少期の思い出を用いることについての警告の具体的な例を、ここで1つ示そう。あるクライエントの幼少期の思い出であるが、彼女が小学校1年生のとき、ある日学校から戻ると、母親がどこにも見当たらなかった。家中を探しまわり、最後に彼女は、母親がリストカットをしてバスルームの床に血まみれになって横たわっているのを発見した。母親はそこで手首を切って自殺したのだった。彼女はどうすることもできず、ただ立ちすくんだまま母親が死んでいるのを見ているだけだった。この場合カウンセラーは、心の痛みを抱きとめる準備ができていて、クライエントがその出来事をライフ・ストーリーの核となる場面と考えることができるよう準備ができていなければならない。そのときカウンセラーが、彼女のストーリーに圧倒されてしまったならば、そのカウンセラーはあまり効果的なカウンセリングを行うことはできないだろう。

もちろんカウンセラーが圧倒されたような気持ちになったとしても、その痛みを共有していることを表現し、クライエントと共にその情動を処理していくこともできる。しかしそれはキャリア構成カウンセリングの目標ではない。母親の人生の最後の瞬間を、ただ見ているだけでしかなかったクライエントとのカウンセリングにおける目標は、あくまでもキャリアを形成する上での助言を求めている彼女の要望に応えることである。この幼少期の思い出を述べることによって、彼女は、人の死を扱うことで受動的ではなく能動的に死と向き合えるようになりたいと考えていたことが明らかになった。私は彼女が、自殺防止機関で働くことに興味を持っているのではないかと考えたが、彼女の反応から、自殺防止では母親の死をただ力なく見ていたという心の痛みに取り組むには不十分であることがわかった。

　彼女はいままで誰にも打ち明けたことがなかった秘密を私に語ってくれた。彼女は、「死を看取る人」になりたいという願望を持っていた。彼女は死んでいく人の傍（かたわら）にいて、できることならその人たちが心の平安と尊厳をもって死に向かい合う手伝いをしたいと考えていた。彼女はホスピスで働くことを選び、患者が尊厳をもって死ぬのを支援するたびに、彼女自身の心は癒されていた。

　カウンセラーは、クライエントの問題点と捉われのアセスメントを実施し、次に、問題の解決策を検討する。

第6章
解決のアセスメント

　アセスメントの手順の第3段階は、クライエントの幼少期の思い出の中で提起された問題に対するクライエントの解決を明らかにすることである。カウンセラーは、クライエントの捉われを念頭に置きながら、クライエントのロールモデルについての質問への対応を考える。この質問は、クライエントが、生きるための資源である自己をどのように築いてきたかを問うものである。自分自身の個性の設計者として、人は、現在直面している問題の解決方法の青写真としてロールモデルを選ぶ。モデルは、クライエントの人生の苦境に対する暫定的解決を描き出しているので、選ばれているからである。クライエントはその重要人物を自我理想と見て、その特徴的な行動を同一化し、特徴を自己概念の一部にする。クライエントは表に現れてくる自己を十分に理解することができないので、キャリア構成カウンセリングでは、ロールモデルを比喩的な鏡として掲げて、クライエントが自分自身を見つめることができるようにする。クライエントが描写するロールモデルは、自身の自己概念の中核的要素を示している。自分のロールモデルを見つめることで、自分自身の最もよいところが見えるようになる。人生のポートレートの中にクライエントの**自己**（self）を体系的に再構成することで、クライエントは自己概念を具体化し、自分の特徴に光を当てることができる。

　ロールモデル（role model）という言葉は、乱用されすぎて、ありふれた表現になってきた。「ロールモデル」の深い意味は、人が自分自身を設計するために使う青写真または原型である。先にも述べたように、自己は1つの企画

体であり、与えられたものではない。自己の設計者として行動しながら、人は自己設計のための一定の青写真を選ばなければならない。そして、モデルの特徴を自分の特徴となるまで適用し、練習することで、その自己を築くのである。

ボディビルダーで俳優のスティーブ・リーブスが2000年に亡くなったとき、元カリフォルニア州知事のアーノルド・シュワルツェネッガーは、愛情を込めて自分のロールモデルを思い出しながら、ホームページに次のような文章を投稿した。

> 10代の頃、私はスティーブ・リーブスとともに育ちました。彼は私のヒーローであり、私はいつも映画館で彼を応援していました。また彼はボディビルダーのチャンピオンであり、壁に掛けてあった彼の写真は私をいつも勇気づけ、最善を尽くせと言っていました。彼は私に、偉大な成功は、たとえまわりの人が私の夢を理解しなくても、叶えられるという感覚を与えてくれました。その意味でスティーブ・リーブスは、私が幸運にも達成できたすべてのものの一部なのです。スティーブ・リーブスは私にとってインスピレーションであり、われわれ全員の未来の一部であり続けるでしょう。世界はひとりの男を失っただけではありません。世界は真のヒーローを失ったのです。
>
> （Schwarzenegger, 2001）

人が自己をどのように概念化しているのかを探るために、カウンセラーは、クライエントが自己構成の過程の初期に用いた青写真やモデルに注目する。この観点からカウンセラーは、ロールモデルは最初のキャリア選択だと考える。クライエントは、自分と同じような苦境にありながら成功する道を見出したモデルに惹きつけられていたのである。ヒーローやヒロインは、クライエントの成長過程で経験する苦難を解決する手本になっているので、大人への道程を示している。多くの人々に対してわれわれは、「他の問題以上に関心のある問題がありますね」、と言うことができる。また、「捉われがありますね」

と言うことがより安全な人もいるだろう。どちらの場合でも、モデルの生き方は問題に対する解決や捉われを顕在化させる。クライエントは、ロールモデルの問いに対応する中で、自分でも知らぬ間に、他をさしおいても解決したい問題についてカウンセラーに語っているのである。ヒロインやヒーローによって手本となった特徴は、クライエントが自分自身の苦境を解決する上で必要と考えている方法になる。それゆえ、その後のストーリーの中で、これらの特性がどのように使われてきたかに耳を傾けることが有効なのである。

ロールモデルとガイド

　ロールモデルは、人が自分のアイデンティティを伝え、形成するために活用するイメージの源である。たとえば、テレビ番組『そりゃないぜ!? フレイジャー』でリリスの役を演じ、ブロードウェイのミュージカル『シカゴ』で主役を演じたビビ・ニューワースは、彼女のヒーロー、ボブ・フォッシーを次のように描写している。

　　彼の演技と私が13歳のときに彼の演技を観たこと、そして私が「Okay, that's me up on that stage. I know that. That's who I am.」とステージで歌うことになったことなど、私のすべてがどれほど深く関わっているか、とても言葉では表せないわ。彼のおかげで私は私を見つけたの。　　（CBS, 2010）

　ニューワース同様に、人は自分の人生を理解するために、モデルから意味を受け取る。人は知られたヒロインやヒーローの中からひとりのモデルを選び出す。こうしたモデルたちは、その国を象徴する人物像や目標追求と問題解決の独自の方法を表現しているので、神話に近い力を持っている。マクアダムスは、これらの人々がどのような目標になったかについて、以下の人たちを例に挙げて説明している（McAdams, 2008）。成功を追求したベンジャミ

ン・フランクリンとホレイショ・アルジャー[*1]、健康を追求したラルフ・ウォルドー・エマソン[*2]とオプラ・ウィンフリー、救済を追求したマザー・テレサ、そして社会正義を追求したマーティン・ルーサー・キング・ジュニア。社会によって提示されたロールモデルは、容易に一般化できる影響力の強い神話であることから、多様な人々が、幼児期や青年期初期の深い悩みに取り組むために、そのモデルを手本にすることができる。実際、人はそれらの一般的なモデルに見習い、順応して、自分が必要としている特定の意味に合わせ、その特徴を自分の好む形で表現するのである。それらのモデルは、元型的なパターンとして変わらぬ生命力を持って意味を支え続ける。

　社会は常に古くなったモデルを更新し、新しいモデルを供給する。たとえば、映画『コララインとボタンの魔女』（Jennings, Selick and Gaiman, 2009）の場合を見てみよう。2009年初め、イギリスとアメリカの社会は、永遠の目標を追求する新たなヒロインの誕生を目撃した。コララインは根性のある少女という新しいタイプのモデルとなった。その前の世代は、ルイス・キャロルのアリスがウサギの穴に落ちてゆく物語から、そしてフランク・ボームのドロシーがオズに行く物語から学んだ。『コララインとボタンの魔女』の監督ヘンリー・セリックは、次のように述べている。

　　　アリスとドロシーは私の人生の、そしてわれわれの文化全般の重要なキャラクターだ。コラライン同様、彼女たちはドアの向こうに、あるいは角を曲がったところに、何があるかを知りたがる。彼女たちはみな勇敢な少女で、物事のまっただ中に入っていかなきゃすまない。

　　　　　　　　　　　　　　　　　　　　　　　（Wloszczyna, 2009 より引用）

　スーザン・ウロズーニャによれば、コララインは困難な時代の完璧なヒロインである（Wloszczyna, 2009）。意図された通り、コララインと彼女の冒険に

---

*1　19世紀アメリカの小説家。貧しい少年が貧困から脱し、成功する大衆小説を多く著した。
*2　19世紀アメリカの思想家。超越主義と呼ばれる思想を提唱し、後の自己啓発運動に大きな影響を与えた。

は、1つの教訓がある。つまり、気弱な少女たちにとって、コララインは不安から冒険へと漕ぎ出す可能性を持つロールモデルなのである。

　ロールモデルは、人々の心に消えることのない教訓を残す。それは、いまでもクライエントに残っている幼児期の感動を呼び起こす。ロールモデルは前進する道を示すので、若い人を鼓舞し、関心を抱かせる。どのようなロールモデルを選ぶかは、まさに自己構成に関わる決断であり、人生のドラマの中で演じたいロールなのである。

　哲学者のジョン・スチュワート・ミルは自伝（Mill, 1873）の中で、憧れ、模倣するヒーローを持つことの重要性について取り上げ、コンドルセの『テュルゴー伝』を愛読していたことについて、次のように述べている。

> わたしが共鳴した考えを象徴するこれらの卓越したヒーローたちの高潔さは、私に深い影響を与え、他の人が好みの詩を思い浮かべるように、私はたえず彼らのことを思い浮かべた。特に、感情と思考の高揚した領域に入っていく必要があるときに。

　ミルは、ロールモデルがわれわれの生活の中で生き続ける可能性について、ジョン・モーリーに次のように語っている。「若い頃、落ち込みそうになったとき、私はコンドルセの『テュルゴー伝』を読み返した。それは確実に、本来の自分自身を回復させてくれた」（Morley, 1918）。

　ロールモデルへの憧れは、空想や遊びの中での模倣を促し、反復や練習を通じて、技術、能力、習慣を発達させる。数千年前、プラトンは『国家』（Plato, 380 BCE）で、「真似というものは、若いときからあまりいつまでもつづけていると、身体や声の面でも、精神的な面でも、その人の習慣と本性の中にすっかり定着してしまう」、と述べている。音楽の演奏家の中にも、歌うスタイルの模倣を見ることができる。マイケル・ブーブレとケヴィン・スペイシーは、若い頃ボビー・ダリンに憧れていた。ブーブレの歌うスタイルとレパ

---

*3　プラトン（著）藤沢令夫（訳）（1979）『国家（上）』岩波書店．

ートリーはダリンにそっくりで、スペイシーはダリンを描いた映画『ビヨンド the シー 夢見るように歌えば』(Spacey, 2004) の中で、ブーブレの名曲を熱唱した。

ガイド vs. モデル

　時に、親をロールモデルにするクライエントがいるが、親はガイドと考えた方がわかりやすい (Powers, Griffith and Maybell, 1994)。クライエントが両親をロールモデルに挙げるのを聴くとき、多くのカウンセラーは、それを「男性であること」とは、あるいは「女性であること」とは何かについて、クライエントが最初に考えたこととして聴く。その社会的ロールの描写には、しばしば家族のドラマがある。

　たとえば、あるクライエントは、父親は毅然としており、母親は優しいと描写した。彼は二人を愛していたが、人や状況に関わる二人の正反対のやり方の間で引き裂かれる思いをしていた。彼は毅然とすることで父親を喜ばせたいと思っていたが、それによって、優しい人になってほしいと願っていた母親を悲しませることを恐れていた。この矛盾する立場を統合するためにとった彼の方法は、ロビン・フッドを模倣することだった。ロビン・フッドは悪党をやっつけるときには毅然としていて、困窮している人々を助けるときには優しい。そのクライエントは最終的に、社会福祉機関の長となり、毅然としていながら優しい役割をとった。

　もうひとつの例としては、2つの世界に橋を架けたポカホンタスに憧れたクライエント（第4章）のことを思い出してほしい。そのクライエントの母親はアパッチ族出身で、父親はアイルランド人であった。彼女は生まれたときから2つの世界に橋を架け始めていたのだった。

　クライエントに、両親というガイドとロールモデルを比較してもらうと役立つことがある。ガイドとモデルの違いは、クライエントの問題と目標のつながりを明らかにし、クライエントが感じていたマイナスから気づいたプラ

スへつながる線を描くことになる。基本的に、キャリア構成カウンセラーは、ロールモデルを最初のキャリア選択と見る。親というガイドは選択されたものではなくクライエントの人生で与えられたものであるからであり、両親や両親のような人がクライエントを選ぶのであって、その逆ではない。

　両親というガイドは影響する人（influences）であり、一方、ロールモデルは同一化した人（identification）である。世界の内面化（internalization of the world）とは、世界に存在する対象に自己を合わせて自分を作ることを意味する。人は他者のいる環境、とりわけ両親の下で自己を構成する。両親というガイドを内面化するにあたって活用される心理的プロセスは、ロールモデルを内面化するプロセスとは異なる。内面化の主な方法には「取り入れ（introjection）」と「組み込み（incorporation）」がある。ガイドは、その全体が呑み込まれるので、取り入れた人（introject）として内面化される（Wallis and Poulton, 2001）。そして、取り入れた人は、心の内なる空間におけるガイドの代理となる。ある意味で、取り入れた人はガイドの代理表象以上のものを内面化する。つまり、取り入れは個人のガイドとの関係を内面化するのである。実際、人は内面化された代理との対話を行うことがある。

　取り入れられたガイドの影響とは対照的に、ロールモデルは組み込まれた同一化である。取り入れは当人が行うが、決して自分自身の選択とは受け容れない。それに対して、人は同一化を、自由に選択した自分自身の諸側面を反映しているイメージとして経験する。モデルの組み込みは、自己構成の中核となるプロセスである。人はモデルに似せて自己を作り変えるが、モデルは外的存在のままであり、心の内なる他者となるガイドとは異なる。ある意味で、子どもはガイドを**取り入れる**（take in）が、同一化したモデルの特徴は**身につける**（take on）のである。ガイドは知覚対象として心に蓄積された人々の代理象徴である。一方、ロールモデルは、人を変容させ、自己を構成する概念として組み込まれていく。同一化は、意識的であれ、無意識的であれ、自己を他者に似せて変化させることを含んでいる。「*identification*」の語源は、ラテン語で「同じ」を意味する*idem*に由来する。同一化、あるいはあ

るモデルとの類似性を作り出すプロセスは、自己が他者の特徴を自己のかなり永久的な部分として組み込むときに起こる。人は他者のある特徴を同一化し、同じようなことを達成しようと自分の人生の方向を定める。その意図は、自分自身の問題に取り組むことであり、いま自分が直面している同じ問題を成長の過程で解決したロールモデルと同一化し、模倣するのである。

　ガイド、すなわち両親の中には、子どもが真似するように意識的にロールモデルを提示する人もいる。たとえば、小説家のブラッド・メルツァーは、自分の息子に憧れてほしい人物を選ぶのに時間も労力もかけたと述べている。彼は息子にインスピレーションを与えたいという願いを込めて、『Heroes for My Son』（Meltzer, 2010）という本を出版した。その中には、もちろん、メルツァー自身のヒーローであるスーパーマンの生みの親、ジェリー・シーゲルとジョー・シャスターも含まれていた。メルツァーは、「その二人の10代の若者は、裕福でもハンサムでもなく、人気があったわけでもないが、1つの夢を共有する親友として、世界に信ずるに足るものを贈った」と書いている。アメリカン・コミックの読者なら、ブラッド・メルツァーのシリーズ『ジャスティス・リーグ』（Meltzer, 2005）のひとつ、『アイデンティティ・クライシス』（全7巻）を知っているだろう。

　両親のロールモデルを自分のロールモデルとして選んでいる子どもが多いことに、驚くに違いない。

モデルとガイドを融合すること

　ロールモデルについて問いかけるときは、3人のモデルを挙げてもらうのがよい。というのは、クライエントの自己と自己概念は、影響と同一化の複雑な融合だからである。

　一例を挙げよう。シーゲルとシャスターが最終的にスーパーマンと名付けたキャラクターを作り出すとき、スーパーヒーローに組み込む特徴を探した。その結果、彼らはスーパーマンを、ターザンの髪形と、フラッシュ・ゴー

ンの衣服、そして重量挙げ選手の黒い長靴の組み合わせとしてデザインした（Nobleman, 2008）。クライエントが3人のロールモデルを描写するときの反応を考えるとき、カウンセラーはクライエントが特徴や性格の一部を、一貫性のある統一した自己にどのように統合しているかを思慮することになる。クライエントが役割モデルを描写するときに使ったそれぞれの形容詞は、自分で選択した特徴を表現している。ロールプレイやモデルを真似することで、興味と活動を活性化させ、成長の中で出会う問題に取り組むための技能の発達と自信を育てる。青年期と成人期の初めに、人は自分が選んで同一化したものすべてを、整合性のある全体へと一体化する。それは合算ではなく総合（synthesis）であり、成長の問題に対する統合的な解答を生み出すための複数の抽象的概念を調和させた1つの形態（configuration）である。

　この章を書いている数ヵ月の間に、複数の同一化の融合を通して自己構成された例が2つ現れた。『60ミニッツ』のプロデューサーであるドン・ヒューイットと、最高裁判事のソニア・ソトマヨールについて読んだことのある読者は、それぞれが男性と女性の両方のロールモデルを選んでいることに注目してほしい。まず、ドン・ヒューイットのモデルについて考えてみよう。

　2009年8月23日、テレビ番組『60ミニッツ』は、8月19日に他界した同番組のプロデューサーを追悼した。ヒューイットはニュースとショービジネスを組み合わせて『60ミニッツ』を生み出したが、それはテレビ界初のニュースマガジンであった。ニューヨーク市で育った若者ヒューイットは、映画の中に彼のロールモデルを見つけた。彼はシステムを打破する勇気を持っていたわんぱく者に自分を同一化した。ヒューイットは、「自分が、ブロードウェイの尊大な舞台監督で、大恐慌時代の真っただ中に狂騒的なミュージカルを制作して大成功を収めたジュリアン・マーシュになりたいのか、それとも『ヒズ・ガール・フライデー』[*4]に登場する新聞記者ヒルディ・ジョンソンになりたいのか、まったくわからなかった」と当時を回顧している。ミュージカル『四十二番街』の登場人物で演出家のジュリアン・マーシュは、まばゆ

[*4] 1940年公開のアメリカ映画。新聞社の敏腕女性記者ヒルディが主人公のコメディ。

いばかりのライトとショーガールたちに囲まれていた。ヒルディ・ジョンソンは、ドンの父親と同じく新聞界の出で、活気ある声が飛び交う報道室で競争相手を出し抜くスクープによって成功を収めていた。

　1948年、CBSは初めてニュースをテレビで流すことにした。そのときヒューイットは25歳で、戦時に従軍記者をした経験があっただけであった。彼の友人が、一度CBSのニューススタジオを覗いてみたらどうかと彼に勧めた。彼はそのときの記憶を次のように述べている。「ドアを開けると、そこは信じられないような世界だった。ライトとカメラとメーキャップの人がいて、まるでハリウッドのセットのようだった。すっかりとりこになったよ」と。彼にとって最高だったことは、一流の記者ヒルディ・ジョンソンと、ブロードウェイのスターの創り手ジュリアン・マーシュの間で選択に迷う必要がなくなったことだった。「なんてありがたいことだ。テレビでは両方やることができるじゃないか。そして自分が抜擢されたんだ」とヒューイットはそのときのことを振り返った。こうしてヒューイットは、『60ミニッツ』を制作する中で、ニュースマンとショーマンの、そして編集者とプロデューサーを融合した人として活躍できる場所を、自ら創造することに成功した。

　アメリカ最高裁判事のための指名承認公聴会を聴きながら、判事ソニア・ソトマヨールは自分がまだ子どもだったときの同一化について思い出していた。幼い頃、彼女は探偵になりたかった。当時の子ども向け推理小説の主人公、ナンシー・ドルーを同一化していたからであった。しかし8歳になったとき、ソトマヨールは糖尿病の診断を受け、探偵になることは無理だと告げられた。彼女は、別の小説の主人公が第2の選択肢として浮かび上がってきたときのことを、次のように回顧している。

> ナンシー・ドルーを読んでいたときに憧れていたのとまったく同じ推理捜査を、ペリー・メイソンがやっていることがわかった。それで法廷弁護士になろうと決心した。法廷弁護士になると決めてからは、一度もその目標がぶれたことはなかった。　　　　　　　　　　　　　（CNN Politics, 2009）

ソトマヨールは、法廷で派手な活躍をすることに憧れたからではなく、多くの推理を積み上げるという地道な活動をする法廷弁護士の姿をイメージしていたのだった。ソトマヨールの長兄のホワンは、彼女はまたナンシーの勤勉さと粘り強さという特性も組み込んでいたと語った。

　ナンシー・ドルーを同一化した人のすべてが、彼女の推理能力と粘り強さに焦点を当てたわけではなかった。『グッド・モーニング・アメリカ[*5]』の二人の作家、シップマンとルッチ（Shipman and Rucci, 2009）がいくつかの例を挙げている。『60ミニッツ』のホストであるダイアン・ソイヤーは、ナンシー・ドルーの「賢明で、ガッツがあり、決然として独立している」ところに憧れた。また最高裁判事のルース・ベイダー・ギンズバーグは、ナンシーの「恐れを知らない」特徴を組み込んだ。『O Magazine[*6]』の編集長であるガイル・キングは、ナンシーの「勇敢さ」に注目し、「彼女の勇敢さにいつも感動したわ。なぜなら私は勇敢な子どもではなかったから。……彼女が懐中電灯を片手にまったく知らない場所に入っていくのにはいつも驚いていた。私はいまでもそれほど勇敢じゃないけど」と述べている。また、女優のエレン・バーキンは、「ナンシー・ドルーは仕事を持っていたわ。彼女は私が初めて知った、仕事を持つ女性だった。彼女はそれでお金を得ていたわけではなかったけど、彼女は目的を持った女性だった」という事実を同一化していた。

　要約すると、ロールモデルは、クライエントが自分の中心的問題や捉われを克服するために必要だと感じている特徴を明らかにする。人はモデルの特徴が自分自身の関心と直接関わっているので、その特徴を模倣し、練習するのである。こうして怖がり屋は勇敢になり、恥ずかしがり屋は社交的になる。恐れがなければ勇気は必要ない。心の内に閉じこもっていたいと思っているかぎり、社交的になる必要はない。キャリア構成カウンセラーは、クライエント自身が両親というガイドから取り入れたことと、ロールモデルから身につけたことに目を向けることを通して、自分自身をより明確に見ることがで

[*5] 1975年からABCで放送されている朝のニュースショー。
[*6] オプラ・ウィンフリーが共同発行人を務める女性向け生活情報誌。正式誌名は『O, The Oprah Magazine』。

きるように援(たす)けるのである。

自己をスケッチする

　クライエントのロールモデルの描写は、自己の中核となる概念を明らかにする。カウンセラーはそれらの概念を簡単で、一般的な表現で、クライエントの姿を描き出す言葉のスケッチに融合していく。クライエントの自己の輪郭をスケッチするにあたって、カウンセラーは、重要性と繰り返しに基づいて、中核となる自己概念を明らかにする。

　まず、1番目のロールモデルについて、最初に述べたことを取り上げることから始める。多くの場合、最初であることは重要度を意味する。幼少期の最初の思い出を語るときに使った最初の動詞と同じく、ロールモデルを描写するときの最初の形容詞は、重要な特徴を伝えている。最初の言葉に加えて、頻度も顕著な自己概念を強調するので、重要度の指標となる。クライエントの挙げる3人のロールモデルの一連の描写を振り返ると、カウンセラーには、繰り返された言葉や似たような語句が印象に残るだろう。

　最初の言葉と頻度を基にして一連の自己に関する描写が得られたら、次に、クライエントの自己概念の特徴を簡潔に、明瞭に述べる。その後の段階と台本についてのストーリーの中で、カウンセラーはクライエントがそれらの特質をどのように使っているかを聴き取っていく。

　2つの例を挙げよう。最初は、医療の仕事に喜びを感じていないある内科医のコンサルテーションである。彼女が最初に挙げたロールモデルは、幼い頃隣に住んでいたシャープ医師であった。シャープ医師は「物事を先に進め」、町内の冠婚葬祭を企画し、隣人を気遣い、積極的な地域活動をし、そしてもめごとのない平和な家庭を持っていたと描写した。私が、それらの特徴は内科医というよりはソーシャルワーカーに近いように聞こえると言ったとき、彼女は同意し、それが私の問題なのだ、と答えた。その後、彼女は内科医を辞

め、医学部の学生の副学生部長になってその問題を解決した。彼女の内科医としての学位と経験はその役職にぴったりであったが、それよりももっと重要だったことは、副学生部長という役職が、学部のための式典や新たな伝統を創り、平穏を維持するためにもめごとを解決し、物事をうまく進め、学生、教授陣、職員の間の共同体意識を強化することによって、彼女の自己概念を具体化したということだった。

第2のロールモデルは、アフリカ系アメリカ人のカメラマンで、自分で事業を始めようと来談したクライエントの例である。彼は、パブロ・ピカソとディジー・ガレスピー[7]を敬愛していた。自分自身に忠実でありながら、同時に他者に与え続けることで、「ディジーを模範として、自分の人生を築いてきた」と語った。また、ピカソは人々の知覚のあり方を変えたので敬愛していると言った。彼は地元のジャズクラブで週に1回演奏していたが、そこで聴き手たちの音楽に対する受け取り方を変えようとしているということだった。彼は、自分のやり方で「人に与えることができる」写真スタジオを開くことに決めた。

秘密に取り組む

子ども時代の重要な人物を思い出しながら、時に、クライエントは過去と格闘する。そのようなクライエントは、子ども時代の最初に出会った重要な人物によって固められ、身についた誤った考えを振り払おうともがいている可能性がある。時に、クライエントは格闘しながら、それまで心の内にしまってきたストーリー、彼らの人生全体を作り上げてきた秘密を明らかにすることがある。その秘密は性的虐待に関するものであることが多い。

あるアフリカ系アメリカ人のソーシャルワーカーの例を考えてみよう。彼女は管理職の地位を受け入れるべきかどうかで迷って、コンサルテーション

---

[7] アフリカ系アメリカ人のトランペット奏者。1940年代にジャズミュージシャンとして一世を風靡した。

にやってきた。彼女のロールモデルは、女優のドリス・デイと叔母のハリエット、そして中学2年生のときの先生エバンス女史であった。クライエントは、ドリス・デイは男たちにどうあるべきかを伝え、自分のやり方で生きたキャリア・ウーマンであり、快活な人だったと描写した。ハリエット叔母さんは学校で教え、賢明で、「彼女のしたことは、うまくやった」。エバンス女史は教育があり、優れた価値観と方針を持っていた。そこで、彼女の自己概念は独立、教育、情熱、誠実と要約できるだろう。彼女はそれ以外のストーリーによってこの推測を裏付け、アサーティヴで、独立したキャリア・ウーマンとして自分はよい管理職になれると結んだ。言い換えると、昇進の提案は、彼女の自己概念を満たしているようだった。

　最初の言葉と繰り返しが明確な概念を示す場合が多いが、時に、省略にも同じことが言える。このクライエントは、ハリエット叔母さんがうまくやれなかったことについて語らなかった。「彼女のしたことは、うまくやった」と言うことによって、省略を示していた。私はクライエントに、ハリエット叔母さんがうまくやらなかったことは何かを尋ねた。すると彼女はためらいながら、中学生のとき、ハリエット叔母さんの夫が彼女を何度もレイプしたと語った。ハリエット叔母さんは夫が何をしているかを知っていたが、それについては何もしなかった。ハリエット叔母さんは、それ以外のことではすべて彼女のロールモデルであった。彼女の叔母がしたことは、うまくやった。叔母さんにしてほしいと望んだがしてもらえなかったことを他人のためにする仕事へと姪を突き動かしたものは、その叔母ができなかったことであった。

　クライエントは、ドリス・デイとエバンス女史の2人のモデルが彼女の問題をどのように解決してくれたかを説明した。彼女は男たちにどうあるべきかを伝える方法を学び、誠実さを獲得し、自分自身の足で立ち、他の女性のために戦う勇気を発達させた。ソーシャルワーカーとして彼女は、虐待された少女や女性を援けてきた。そして、管理職という地位にある権利擁護者として、公共政策と虐待された女性に関する専門の実践により大きな影響を与えることができると確信した。彼女はハリエット叔母さんの夫のような男た

ちに、どうあるべきかを教え続けるだろう。

　ロールモデルについての質問が秘密を明らかにした2つ目の例は、企業の役員をしていたヒスパニック系の男性のものである。彼の最初のロールモデルのひとりは、彼がとても敬愛していた優しい隣人であった。不幸なことにこの信頼していたメンターは、映画館からの帰り道、この少年のズボンの中に手を滑り込ませた。少年はこの出来事を通報しなかったし、誰にも話さなかった。この話が出たのは、なぜ物事を追求する情熱がないかを相談しているときだった。彼はいまの仕事を楽しんでいたが、何か重要なことが欠けていると感じていた。当然だが、彼はそれまで誰にも言うことができなかったストーリーを話すことを通して、自分がいままで焼けつくような痛みを必死で覆い隠してきたことを悟った。秘密を打ち明けたことによって、虐待されている少年を救いたいという彼の情熱に火がついた。彼は、空いた時間を使って、重要な地域プログラムを作ることを始めた。このボランティアの仕事は彼の心の穴を埋め、彼の「本業」もいままで以上に楽しくやることができるようになった。

　以上2つの例から、過去の秘密が現在においても生きていることがわかると同時に、キャリア構成カウンセリングが、クライエントの幼児期のトラウマを改訂（rework）する支援になることも理解できるだろう。

問題を解決につなぐ

　先ほどのソーシャル・ワーカーのロールモデルは、子ども時代の問題を解決する方法をはっきりと彼女に示した。すべてのクライエントにとって、ロールモデルは、クライエントの幼少期の問題とその後の捉われに対する解決を描き出す。それゆえキャリア構成カウンセラーは、クライエントのロールモデルが、幼少期の思い出で明らかになった問題をどう解決するか理解することに力を注ぐ必要がある。カウンセラーは常に、クライエントの自己概念を最初の幼少期の思い出と直接つなぎ、それらの特徴がいかにクライエント

の捉われを表現しているかを理解しようと努める。まさにこの点から、カウンセラーはクライエントの人生におけるパターンと進歩についての考え方を作り始めることになる。

　古きものは完全に変えられたり置き換えられたりすることはない。それは心の中に残っている。かつて精神分析家のハンス・ロアルドは、セラピーの仕事は幽霊を祖先に変えることだと述べた（Loewald, 1960）。これが、カウンセラーが最も早期の思い出の中の捉われに関して試みていることである。カウンセラーはクライエントの自己を構成しているストーリーを、幼少期の思い出の中で明らかになった関心に対する成功との対応として書き直すのである。その目標は、クライエントが問題点や捉われに対処するためにどのように自己を確立してきたかを理解する援けをすると同時に、彼らの不安をやわらげることである。カウンセラーは幼少期の思い出とロールモデルを結びつけ、クライエントが構成した自己が、どのようにして彼らの幼少期の思い出の中で語られた問題を解決できるヒーローやヒロインになったかを描き出す。その自己の本質が、遭遇している問題の解決となっていることを描き出すのである。最も単純なレベルでは、幼少期の怖い思い出と関連している勇敢なロールモデルの例を使うことができるだろう。勇敢さは恐れを解決する。要するに、幼少期の思い出はロールモデルから映し出された自己が解決しようとしている問題を語っているのである。

　読者にこの点を理解し、クライエントのキャラクター・アークをたどる練習をしてもらうために、以下に3つの例を示す。

　最初のクライエントのキャラクター・アークは、無力感（helpless）から、人の役に立つこと（helpful）へと移行した。彼女は、幼少期の思い出として次の3つを挙げた。

- おじさんの家のプールに落ちた。泳ぎ方を知らなかったので、ゆっくりと底まで沈んでいった。見上げると誰かの手が私を引き上げていた。とても怖くて自分ではどうすることもできなかった。

・自転車に乗る練習にいら立っていた。父は後ろから私を押し、最初は怖かったけれど、乗れるようになったので有頂天になった。
・父が仕事から帰って来たときのことを思い出した。私はベッドから跳ね起きて、玄関まで飛んでいった。父が家に帰って来たことがとてもうれしかった。安全で守られていると感じた。

　最初の2つの思い出は、底まで沈んでいったことや怖かったことなど、無力感についての思い出であることに注目してほしい（2つの思い出の中で繰り返されている）。彼女は家では安全で守られていると感じていたが、彼女の父親は彼女が自転車に乗れるようになるために後押しし、彼女は達成感で有頂天になった。彼女の最初のロールモデルは、『オズの魔法使い』（LeRoy and Fleming, 1939）のドロシーだった。なぜなら「ドロシーは自立していて、人々が生活の中で失っているものを獲得するのを手助けすることができた。彼女は意地悪な魔女と闘い、見知らぬ土地を旅する勇気を持っていた」。ドロシーは、無力感ではなく自立の、そして恐れではなく勇気のモデルであった。クライエントは家以外の場所へ自転車に乗っていくことができたし、そこで他人に対して父が彼女のためにしたように振る舞うことができた——つまり、人が人生で失っているものを獲得する手助けをすることができた。彼女の稽古は、心理療法家として働くための準備に役立った。彼女はクライエントに安全な基地を提供し、他の場所へ漕ぎ出すように勇気づけている。いま、彼女は人々を苦しみから引き上げている。
　2番目のクライエントのキャラクター・アークは、他者を信じることができないところから、自分自身を信ずることへと移行した。彼女は幼少期の思い出を次のように語っている。

　　幼稚園の頃、ママと言い争ったことを思い出した。私たちは車でどこかへ向かっていた。ママと叔母さんは、私にサンタクロースはいないと話そうと決めていた。その理由は、私がイエス・キリストもサンタクロースと同じくク

リスマスの神話だと信じて成長してほしくなかったからだった。私はまだサンタクロースの存在を信じていたかったので、悲しくなって怒っていたのを思い出す。ママが私の子どもの頃の信念を奪い去ったと感じて、そのことにまだうまく適応できていない。サンタクロースを信じない準備ができていなかった。

このクライエントはシンデレラを敬愛していた。理由は、「彼女は多くのことを克服した。彼女は誠実で、思いやりがあった。まわりの人は彼女にひどい仕打ちをしたけれど、彼女はしっかりと自分を保ち、夢を失わなかった」からだ。クライエントにとってシンデレラは、他者が自分に対してひどい仕打ちをしたときにどう対処するか、そしてまわりとうまくやっていけないときに、正直で自分の夢に忠実であることによってそれをどう切り抜けていくかという手本であった。彼女の稽古は、女優として働くためのよい準備となり、多くの拒否反応があったにもかかわらず、いまでも自分の夢に忠実である。現在、彼女は自分自身を信じている。

3番目のクライエントのキャラクター・アークは、葛藤から和解へと移行した。彼女の幼少期の思い出は次のようなものだった。

　　私は、家出をし父に反抗している兄を思い出す。ふたりの関係はとても険悪になり、2階の踊り場で殴り合うまでになり、ふたりが取っ組み合いをしながら地面を転がっているのを覚えている。ママがやめてと叫び、私はこの出来事と、父と兄の怒りに怯えていたのを思い出す。私はただ突っ立って見ていることしかできず、とても無力感を感じた。ともかくそれを止めたかった。

そしていま、彼女は「止める」ことを仕事にしている。
このクライエントはスマーフェット[8]に憧れていた。なぜなら、

---

*8　ベルギーの漫画家、ピエール・クリフォールの漫画『スマーフ』に登場する妖精の女の子。

彼女は戦いのときも楽天的な性格だった。彼女はスマーフ族の仲間の仕事を一生懸命手助けし、彼女に親切でない人に対してもいつも優しく、親切だった。そして彼女はいつも状況を的確に判断し、最良の見通しをもって他のスマーフ族に人生の教訓を教えた。

　彼女の2番目の役割モデルは、『マペット・ベイビーズ』[*9]のお母さんであった。なぜなら、

　彼女はいつも助ける場面に登場するから。彼女は子どもたちを見守り、子どもたちがいたずらをすると、別のものの見方を教えた。彼女が去った後、マペット・ベイビーズはいつも彼女が言った通りの正しいことをしたがった。

　スマーフェットもマペットのお母さんも、怒りや葛藤、恐れにうまく対処する手本となった。そのクライエントは、ただ呆然と立っているだけの女の子から、葛藤にある人を楽天的な性格で救い、人生の教訓を教える人になった。スマーフェットやマペットのお母さんとしての稽古のおかげで学生寮の舎監としての仕事に備え、彼女はいま、学生たちが困っているときに別のものの見方を示している。
　心理療法家、女優、学生寮の舎監と仕事は違うが、彼女たちは皆、自分らしく振る舞うことのできる仕事場を見つけ、自らの個人的問題の解決を仕事に活かしている。これはアセスメント手順の次の課題である。すなわち、クライエントがストーリーの中に自己を位置づけることができる興味ある職場を明らかにすることである。

---

*9　1984-91年にアメリカCBSで放送されたテレビアニメーション。『セサミ・ストリート』に登場する人形（マペット）たちの保育園時代を描く。

第7章
場、台本、シナリオのアセスメント

　クライエントの自己概念を明確にし、キャラクター・アークをたどったら、カウンセラーはアセスメント手順の4番目の要素に進む。クライエントの好きな雑誌、テレビ番組、ウェブサイトなどで明らかにされる教育的および職業的興味をアセスメントする。これらの好みによって示される環境の描写は、クライエントがどのような労働の場を好み、どのような職場に魅力を感じているかを示唆している。

　ところで、*inter est*（興味）とは、「it is between」（それは間にある）を意味するということを思い出してほしい。興味は、意味づくりの個人的プロセスを、それを持続させることのできる社会的生態（social ecology）につなぐ。職業への興味は、クライエントの接近行動を導くため重要である。クライエントの目標は、最も有利な場を選び、そして占有することである。場によって、要件、日常活動、報酬は異なる。理想の場は、クライエントの強さと弱さを受け止めて日常活動に結びつけ、やる気を起こす報酬を提供するところである。

　小説の中で、登場人物は舞台に合っていなければならない。キャリアにおいても同様である。すなわち、自己と場は調和していなければならない。ホランドは自己と場の調和を**一致**（congruence）と呼び（Holland, 1997）、ロフクィストとダーウィスは、人と場は相互に対応しているという意味で**対応**（correspondence）と呼んだ（Lofquist and Dawis, 1991）。スーパー、スタリシェフスキー、マトリン、そしてジョーダーンは、場は個人の**自己概念**を具体化するものでなければならないという意味で**組み込み**（incorporation）という言葉を好んだ（Super,

Starishevsky, Matlin and Jordaan, 1963)。キャリア構成理論では、職場はニッチ（個人を抱きとめる安全な居場所）を提供するものでなければならないと主張する。

　キャリア構成理論では、環境の力学とその中核的機能を強調するために、職場を抱え環境（a holding environment）に喩える。職場（occupational setting）は、静的な舞台背景ではない。それは自画像を囲む額縁以上のものである。場（setting）は、ある事柄を可能にし、ある事柄を不可能にする文化的文脈を提供する。場は安らぎと緊張の両方を提供して、行動の可能性を開く。さらに場は、一定の登場人物と原型となる労働者を呼び寄せる。たとえば、教室は対人スキルのある人を求め、オートショップはメカニカルなスキルのある人を求める。

場所、人、問題、そして方法

　カウンセラーは、クライエントが自己に適したニッチを探す助けをするために、彼らの興味を惹きつける場を4つの次元——すなわち場所、人、問題そして方法に沿って分析するとよい。カウンセラーは、クライエントの職業的興味のアセスメントから働きたい場所、交流したい人、取り組みたい問題、そして活用したい方法を知ろうとする。

　人によって場所の好みが違う。たとえば、アウトドアかインドアか、清潔な場所か汚い場所か、整理整頓された場所か雑然とした場所か、座れる場所か活動的な場所か、独りの仕事か集団の仕事か、安全か危険かなど。たとえば、アウトドアで、清潔で、整理整頓されていて、座って、独りで、危険な仕事場を好む人は、トラック運転手のような仕事を探すかもしれない。場所や仕事空間の好みは、クライエントの雑誌、テレビ番組、ウェブサイトについての質問に対する答えでかなり明らかになる。

　物理的空間よりも重要でわかりにくいのが、仕事仲間についての好みである。シュナイダーが説明しているように、「人が場所を作る」（Schneider,

1987)。それゆえ場の最も重要な要素は、そこを占有している人々である。そこに集う人々は独特の組織文化を作る。人々はクライエントを歓迎し、気楽に交流してくれなくてはならない。この考えは、「類は友を呼ぶ」ということわざによって表現されている。要するに職場は、そこで働いている人々の価値観を共有する人々を惹きつけ、選択し、確保するのである。

　人々が、どのようにして場を興味あるものにし、接近行動を刺激するか、キャリア・カウンセリングの例を見てみよう。大学院課程の専攻を決めたいとやってきた大学3年生に、学部課程の専攻をどうやって決めたのかを尋ねると、彼はシュナイダーの、魅力－選択－欠落理論（Schneider, 1987）の要約で答えた。彼は各学期に、5つの講座を受講し、異なった学部から10のコースを選択していた。彼は2学期の間に、自分が教室に着いた時間と、退出した時間を記録していた。彼は最も早く教室に着いて、最も遅く退出した講座を提供している学部を第1専攻とし、2番目に多く時間を過ごした講座を提供した学部を第2専攻にしようと考えたらしい。

　彼にその選択基準の理論的根拠を尋ねると、その場で過ごした時間は、クラスの仲間や教授といることをどれだけ楽しく感じたかを示していると答えた。彼は最も楽しく思えた人々がいる環境を専攻するべきだと考えたのだった。彼は、自分を惹きつける場に自分自身を置き、そこで仲間との交流を楽しむべきであるということを知っていた。

　実際、場はそこを占有する人を惹きつけ、選択し、保持する以上のことをする。場は多かれ少なかれ予測可能な方法で、そこにいる人々を再形成する。働く仲間は、職業的社会化の過程を通じて1つの仕事を構成する行動をとるため、次第に似てくる。労働者はまた、社会化の過程を通じて、職業共同体の価値観と態度を身につける。個人はまず場に魅力を感じ、次にその場で働きながら帰属意識を持つようになる。状況は人の行動を形づくり、人は状況からの要求に応えようと適応する。リトルとジョゼフは、その社会的－生態学的適応モデルの中で、**変わりうる自己**（mutable selves）について書いた（Little and Joseph, 2007）。彼らは、人は意味のある目標を作り、核となる人生のプロ

ジェクトを遂行するために、いかに自己の特徴と状況的要素の調整をしなければならないかを述べている。彼らは、内向的な社員が重要な仕事の会議で熱心な話し手を務めた例を取り上げた。それを何回も繰り返すうちに、その社員は実際に外交的になったように見えた。このように、場を選択するとき、人々は自分に適したものを選ぶ以上のことをする。人は、そこで働いている人々との相互交流を通じて、こんな人になりたいという願望を選択するのである。

　仕事の世界の探索を始めたばかりの若い人にとっては、場所と仕事仲間のタイプを決定するだけで十分かもしれない。たとえば、高校を卒業して就職する学生は、この２つの次元について検討するだけで十分だろう。しかし、学生が成熟するにつれて、興味は次第に分化していく。場と人のタイプによる労働環境の選別だけでは、より進んだ探索のための完全な基盤とはならない。

　青年期後期や成人期初期の大人は、さらに進んだ選別を行わなければならない。すなわち、特定のタイプの場所と人々の範囲内で、さらに問題と方法の相違に目を向けなければならない。ここでいう**問題**（problem）とは、どんな社会貢献がなされているかであり、**方法**（procedure）とは、働く人々がどのような仕方でその問題を解決するかということである。

　たとえばクライエントが、インドアで教師のような社会意識の高い人々との仕事を好む場合、その人はさらに、教えたいと思う学科と教えたい学年を決めなければならない。教職に興味のある人々は、さらに学習の手助けをしたい学生の種類（たとえば年齢、能力レベル、社会経済的状態など）に関して、また自分の好む教育方法（たとえば講義方式、少人数グループ、コンピュータを使った授業、自主学習など）について多くの選択をしなければならない。医師や心理職についても、多くの専門の中から選択しなければならないという意味で同様である。たとえば小児科医と病理学医師とでは、取り扱う問題と方法は大幅に違うし、健康心理学者と組織心理学者も同様である。

職業興味の分類

　労働の場や職業環境には非常に多くの種類がある。そのためカウンセラーは、クライエントが好む環境を概念化して集約するために、しばしば簡略化された分類を用いる。よく知られている2つの職場の分類は、ACT（2011）のワールド・オブ・ワークマップ（World-of-Work Map）と、ホランドの労働環境のRIASEC分類（Holland, 1997）である。どちらの分類も、場の違いを示す語彙と、それについて考えるための知識体系を提供している。

　ワールド・オブ・ワークマップは、常識的な分類である。2本の交差する二極を示す軸は、人 vs. 物とアイデア vs. データの地図になっている。この2本の軸に分けられた4つの領域には、さまざまな職業と大学の専攻学部が正確に位置づけられている。

　ほとんどのカウンセラーは、人々が場所を明らかにすることを前提に、ホランドのRIASEC分類を好んで活用している。ゴットフレッドソンとホランドは、ある労働環境を支配的する人のタイプを基にして、6つの基本的な記号を割り当てた（Gottfredson and Holland, 1996）。それらは、メカニカルとアウトドアの環境には現実的（Realistic）、科学的および分析的環境には研究的（Investigative）、創造的および美的環境には芸術的（Artistic）、ケアおよび教育的環境には社会的（Social）、管理的および政治的環境には企業的（Enterprising）、そして事務的および体系化された場には慣習的（Conventional）である。1つの頭文字または記号が大まかにその環境の一般的な状態を示すので、その場とそこにあるものについての効率的で簡単な要約となる。この大まかな分類から始めて、さらに第2、第3の記号を加えていくと、それはより詳細なものになっていく。

---

*1　The American College Testingの略。SATと並ぶ、大学進学適性試験を実施する非営利機関。

たとえば、私が教えている大学の教育学部では、社会的－現実的（Social-Realistic）には健康教育と職業教育が含まれ、社会的－研究的（Social-Investigative）には運動科学と聴覚科学が、社会的－芸術的（Social-Artistic）には幼児教育と特殊教育が、社会的－企業的（Social-Enterprising）にはレクリエーション管理とヘルスケア行政が、そして社会的－慣習的（Social-Conventional）には実務教育と地域教育が含まれている。

　第3の頭文字を加えると、さらに専門性が増える。たとえば、その同じ学部でカウンセラー教育プログラムに参加している学生は、ほぼ全員が社会的－芸術的（Social-Artistic）の分類に当てはまるが、第3の記号を加えると、その学生グループは、働きたいと希望する場所が違ってくる。社会的－芸術的－企業的（Social-Artistic-Enterprising）の学生は学校で、社会的－芸術的－研究的（Social-Artistic-Investigative）の学生は地域機関で、そして社会的－芸術的－現実的（Social-Artistic-Realistic）の学生はリハビリテーション部局を志望する。

　キャリアストーリー・インタビューの反応をアセスメントするとき、カウンセラーは、雑誌、テレビ番組、ウェブサイトを容易にRIASECのタイプに分類することができるだろう。たとえば、雑誌『*People*』は社会的（Social）に、同じく『*Car and Driver*』は現実的（Realistic）に、そしてテレビ番組の『*House*』は研究的（Investigation）に、同じく『ジス・オールド・ハウス』は現実的（Realistic）に。クライアントの興味を惹きつける職場が明確でない場合、カウンセラーは職業情報分類を使って可能性を探ることができる。たとえば、クライアントの興味にRIASECの選別語彙を適用すると、『*Dictionary of Holland Occupational Codes*』（Gottfredson and Holland, 1996）またはO*Net（http://online.onetcenter.org）の中から、そのクライアントに適した職業を選ぶことができる。

台本は自己と場を統合する

　場は文脈（context）を与え、台本は主題（text）を与える。アセスメント手順の5番目の要素として、カウンセラーは、クライエントが好みの場で自己の可能性をどのように活動させるかに注目する。

　人はある場に自己を置いた後、行動を起こす必要がある。クライエントの台本を知るために、カウンセラーは、本や映画の中からクライエントの好きなストーリーを聞き出し、クライエントが生活の中でどのような文化的物語を再生し、どのような真理が繰り返し鳴り響いているかを検討する。クライエントはその台本を、彼らの共同体が提供するマスターナラティブの中から受け容れたのである。人はある特定の文化の中で生活することによって、属している社会がどのように動くかを示す言説と、それが生活とどのように結びついているかを説明する対話の中で生きていく。先人たちが残したストーリーや神話は、生活の中で問題に直面したり、ターニングポイントに遭遇したりしたときに、人が行うことの元型を示してくれる。

　すなわち、マスターナラティブの中に埋め込まれている伝統は、社会が人の生活を設計し、その文化の一員として参加する助けとなる象徴的な資源を提供するのである。人はこれらの台本を使って、自分の経験を理解し、選択を明確にする（Bohn and Berntsen, 2008）。

　文化的ナラティブは、人が個人的なナラティブを社会歴史的な文脈を満たしている慣れ親しんだストーリーのまわりに絡ませるとき、その人の再生にとって適したものとなる。台本は、その人の中で生き、その人に宿る（inhabit）。この「習慣的行動（habitus）」（Bourdieu, 1977）は、社会がその客観的な社会構造を個人の主観的な経験の中に教え込むときに起こる。身についた意味を構成する習慣は、こうして社会化された主観性となる。

　キャリア構成カウンセラーは、クライエントが、自己が所属している文化

的蓄積の中から選び出したナラティブに注目し、多文化主義と個人差の問題に敏感になり続ける。どの文化にもマスターナラティブはあるが、それぞれの文化によって、人が経験を説明するために提示する自己構成概念は異なる。自伝的記憶は、それを形づくる社会的相互作用の文化形態によって異なる（Fivush, 2011）。西欧文化は個人の活動、思考、感情ならびに個人の行為主体性を強調する詳細なナラティブを形成する傾向があり、それに対して東洋の文化は、集団の利益に関連した個人の行為を強調し、共同体的規範からあまり逸れない簡潔なナラティブを形成する傾向がある。文化を知ることは、その文化が提供する標準的なストーリーを知り、人々がそのストーリーをどのように自分自身の生活の中に再生産しているかを知ることである。

　文化的な違いにもかかわらず、特にキャリア構成の実践は、国を超えて適用できるようだ。もちろん、国ごとに異なる特殊な技法がある。限られた経験からではあるが、私の見たところ、アイスランドの歴史物語の伝統の中にキャリア構成を編み込むことはうまくいっており、またストーリーの口頭伝承が根強いアフリカや中国、カナダのファースト・ネーション[*2]などの文化においても、キャリア構成の実践は有効である。オーストラリアでもキャリア構成カウンセリングは有効である。ただ、「出る杭は打たれる」的な考えが浸透しているような国では、ロールモデルに関する質問は慎重に言葉を選んで行う必要がある。ポルトガルでは、個人的問題について当人の責任を強調しすぎて「犠牲者を非難する（blame the victim）」ことがないように注意しなければならない。にもかかわらず、多様な国でキャリア構成カウンセリングはわずかな調整で有効である。

　それぞれの文化的文脈の中で、カウンセラーは、その人の心を奪い、かつその人生を支えている話を聴かなければならない。カウンセラーは、クライエントが願望と行動をまとめるためにどのようなナラティブを採用しているかを知りたいと思う。それゆえ、クライエントに、本でも映画でもいいから好きなストーリーの名前を教えてくれと尋ねる。クライエントが本や映画の

[*2] カナダに住む先住民のうち、イヌイットとメティを除く少数民族の総称。

名前を答えた後、クライエントにそのストーリーを簡単に話してくれと頼む。クライエントの人生において神話的実在となっているストーリーを詳しく聞きたいと思う。クライエントの個人的神話は、社会でどう歩むかを示唆する力強い不朽のメタファーとなる。

　ストーリーは、人が学んできた人生の教訓を適切な場所に位置づけ、その教訓は過去の成果と未来への動機をつなぐシナリオを作って、曖昧さの中を前進する道を指し示す。人は、意味と連続性をもたらすストーリーという形で自己を維持し、人生の目的を追求し、包括的な目標を達成することができる。それらのストーリーは、神話的な体系としてその人を包み込み、自己を抱きとめる。外的な環境が客観的な抱え環境を提供するとするならば、内なるストーリーは主体的な抱え環境をもたらす。ストーリーとしてのキャリアは、意味を保ち、感情を調節し、経験を形づくり、不安を鎮め、探索の空間を確保する。キャリアストーリーが人を支えているかぎり、人は職業上の発達課題、仕事上の転機、仕事のトラウマを乗り越えていくことができる。そのような変化の中で、ストーリーとしてのキャリアは意味を安定させ、情緒的動揺を落ち着かせる機能を果たす。ストーリーは、人に過去の慰めを思い起こさせ、転機の不確かさに直面できるようにする。ストーリーはまた、無力感をもたらす危機に有力な自己構成を対峙させることにより、人を困難な転機へと導くことができる。ストーリーは、人が経験を言語化し、その意味を振り返り、前進する方法を選ぶよう援ける。

　カウンセラーは、クライエントが社会によって台本化されたプロジェクトのメニューの中から、あるナラティブを選んだことを知っている（McAdams, 2008）。カウンセラーは、クライエントがストーリーを語るのを聴きながら、クライエントの人生をあたかも一冊の本のように思い浮かべる。カウンセラーは、クライエントが筋書き、重要なシーン、ターニングポイントを語ることを望む。そのストーリーの中にある神話やメタファーは、クライエントの問題を概念化するための手立てとなる。問題の中で空転し続けるのではなく、ストーリーに集中することによって、想像の中で危機を乗り越えることができ

る。このプロセスは、エネルギーを解放して、選択肢と可能性を目に見えるものとし、未来に向かう創造的動きを生み出す。特に、クライエントとカウンセラーがそのストーリーを処方箋としてではなく、招待状として見るときにそうである。好きなストーリーは無作為に選ばれたものではないので、その招待状には暗示的な意味がある。

　カウンセラーの仕事は、ストーリーの筋書きが、現在直面しているジレンマをどのように解決するかを示すことである。人は、主人公が自分の問題と同じような問題を経験している本に惹かれる。クライエントの好きなストーリーは、彼ら自身の現状を伝える。さらに、好きなストーリーでは、前進する台本が選ばれている。クライエントは、その台本が問題とそれに対処する方法を描き出すところに励まされる。ストーリーの台本は、クライエントが他の人は同じ問題をどのように解決したかを教えてくれるので、クライエントを安心させる。要するに、クライエントの好きなストーリーは、クライエントにとって生きるために特に役に立つ台本を提供するのである。

　有名な文芸評論家のケネス・バークは、ストーリーを「生きるための装備」（Burke, 1938）と呼んだ。ストーリーは人に、彼らが直面している難問を解く手立てをもたらし、その解決法は彼らを前進させる。一例を挙げると、あるトランスジェンダーのクライエントは、自分の好きな本はハインラインの『異星の客』[3]（Heinlein, 1961）だと答えた。その本はクライエントに、自分が生きている文化について研究するように教え、それを変えるようにとクライエントを励ました。そのストーリーはクライエントを前進させる灯をともした。19世紀の哲学者で教育家のブロンソン・アルコットが、かつて『天路歴程』[4]についておおいに語ったように、「その本は私自身に私を与えた……私はその本を通して考え、発言した。その本は私の最も有能な先生であった」（Brooks, 2006より引用）。

　好きなストーリーは、ロールモデルと同様、幼少期からずっと生き続け

---

*3　ロバート・A・ハインライン（著）井上一夫（訳）(1969)『異星の客』東京創元社.
*4　ジョン・バニヤン（著）竹友藻風（訳）(1947)『天路歴程』西村書店.

る。たとえば、歌手のドリー・パートンは、好きな本として『ちびっこ きかんしゃ だいじょうぶ(*The Little Engine That Could*)』を挙げ、そして成功する(and she can)(Parton, 2010)。引退を考えていたある法律家のクライエントも、カウンセラーに、落ち込んだり不安になったりしたときはいつもウォルマートに行って『ちびっこ きかんしゃ だいじょうぶ』の中から1冊を購入すると言った。彼もドリー・パートンと同じく、その絵本から勇気をもらい、安らぎを得ていた。ウォルト・ディズニーは、子どもの頃に読んだアンクル・リーマスの物語(Harris, 1881)を決して忘れないと語った。ヘミングウェイは生涯にわたってマーク・トウェインの『ハックルベリー・フィン』に魅了されていた。ハックルベリーのセリフにある通り、ヘミングウェイと彼の晩年の分身であるニック・アダムスは、人間について、そしてどうすれば人間は共に生きていくことができるかについて探求し続けた。

　クライエントによっては、長年にわたり心に抱いてきた台本を報告することもあれば、最近の好きなストーリーを持っていることもある。昔のストーリーがカヴァーしきれなかった問題を伝えるために、新しい台本に移ったのだ。たとえば、最近出版された小説『神の小屋』(Young, 2007)や、最近制作された映画『しあわせの隠れ場所』(Hancock, 2009)を好きなストーリーとして挙げるクライエントもいる。気軽に最近の作品を好きなストーリーに挙げることで、人は柔軟になる。典型的な例では、ロールモデルは同じだが、新しいストーリーの中に登場する。古いキャラクターと新しいストーリーの合体は、人生に見られる継続性と変化の両方を示す。

　時に、私はクライエントに、幼児期、青年期、成人期初期、中年期と時期をたどって好きなストーリーを挙げてくれと頼むことがある。この試みは、ヘンリー・ソローの読書に関する観察の真理(Thoreau, 1854)を明らかにする。「いったいどれほどの数の人が、本に親しむことに通じて人生を開いたでし

---

*5　ワッティー・パイパー、ローレン・ロング(著)ふしみみさを(訳)(2007)『ちびっこ きかんしゃ だいじょうぶ』ヴィレッジブックス.
*6　ウィリアム・ポール・ヤング(著)吉田利子(訳)(2008)『神の小屋』サンマーク出版.
*7　ジョン・リー・ハンコック(監督・脚本)(2009)『しあわせの隠れ場所』ワーナー・ブラザーズ.

ょうか。本が、生きることの不思議を説き、新しい生き方を暗示しました」[*8]
と。

　ライフサイクルの異なる時期に、特定の本が重要なものとなるのかを示す例を、書店グループであるボーダーズの小雑誌『Shelf Indulgence』に見ることができる。そこでは、有名な作家や芸術家がお気に入りの本について語っている。女優のジェイミー・リー・カーティスは、子どものときの重要な本は『それいけ、わんちゃん！』[*9]で、青年期になると『キング・ラット』[*10]になり、さらに若い大人の時期は『将軍』[*11]で、中年になると『イギリス人の患者』[*12]になったと述べている。それぞれの本がどのように影響を与えたかを語った後、カーティスは、「そう、それは私だ、と思った」と締めくくっている。上記の本の筋書きにストーリーの連続性分析（Arnold, 1962）を適用すると、関係性の発達に始まり、孤立の感覚と権威との闘い、他者理解、そして最終的に再び関係を作るという進化の過程をたどることができるだろう。

ストーリー：生きるための装備

　青年期のジークムント・フロイトは、文学の中に自分の問題の解決を見出したもうひとつの好例である。フロイトは、「フィクションの領域の中に、われわれが必要としている人生の大半を見ることができる」（Freud, 1915）と書いている。小説家のセルバンテスはフロイトに、ロールモデルと台本の両方を与えた。セルバンテスと同様に、フロイトも父親に対する幻滅に苦しんだ。フロイトは、当初父親を、堂々とした賢人と見ていた。しかし、あるとき、若

[*8]　ヘンリー・D・ソロー（著）今泉吉晴（訳）(2004)『ウォールデン　森の生活』小学館、p.135.
[*9]　P・D・イーストマン（著）木原悦子（訳）(2009)『それいけ、わんちゃん！　Go, Dog, Go!』鈴木出版.
[*10]　ジェームズ・クラヴェル（著）石井宏（訳）(1985)『キング・ラット――チャンギ捕虜収容所』山手書房.
[*11]　ジェームズ・クラベル（著）宮川一郎（訳）(1980)『将軍（上・中・下）』TBSブリタニカ.
[*12]　マイケル・オンダーチェ（著）土屋政雄（訳）(1999)『イギリス人の患者』新潮社.

きフロイトに彼の父が反ユダヤ主義の暴漢に遭ったとき屈辱的な弱さを見せたと語ったとき、ジークムントは痛いほど失望し幻滅を味わった（Jones, 1953）。フロイトは自分と同じように父親の弱さを目撃したセルバンテスの中に、この種の幻滅への対処モデルを見出した。フロイトはセルバンテスの描く理想像と自分を同一視し、自ら自分を知ること（self-knowledge）の探求に捧げた。フロイトは小説『ドン・キホーテ』から、「おのれに勝つことは、勝利の中でも最高のことだ」*13ということを学んだ。フロイトは、自分自身に対する勝利者となり、同時に人々が人生においてヒーローやヒロインになるのを手助けするキャリアを自ら創造した。フロイトはセルバンテスの短編小説『犬の対話』*14（Cervantes, 1613）の台本から、自分自身にシピオンという名前をつけて、合理的な思考法を問題にする方法を学んだ。セルバンテスは、ベルガンサがシピオンに自分のライフ・ストーリーを話すという2匹の犬の対話形式で小説を創ったが、そこでシピオンは、相手の話を聴き、時々コメントを差し挟み、批判し、思索する。それはまさに精神分析とカウンセリングの序章であった（Riley, 1994）。

　クライエントによる好きなストーリーの要約は、ロールモデルの中で描かれた自己と、好きな雑誌やテレビ番組によって示された社会的な居場所を一体化させる。それは人生の異なる要素をダイナミックな全体性へと統合し、個人的な関与を社会という世界の中の認識されうるロールにつなぐ。たとえば、母親の束縛から自由になることを望んだ若い女性は、自分の好きなストーリーは単身で航海に出た少女の物語であると述べたが、それは後に彼女が仕事の中でしていること、旅する仕事だった。キャリアを変えて公文書管理人になることを決心したある男性は、自分の好きな本は『華氏451度』*15（Bradbury, 1987）だと言ったが、それは焚書を阻止しようとする人々の物語だった。つまり、アセスメントのこの段階で、カウンセラーは、クライエントのための暫定的なアイデンティティ・ナラティブづくりを始める。そこで、クライエン

---

*13　セルバンテス（著）牛島信明（訳）（2001）『ドン・キホーテ　後篇三』岩波書店, 72章.
*14　セルバンテス（著）会田由（訳）（1960）『世界文学大系 第10』筑摩書房.
*15　レイ・ブラッドベリ（著）宇野利泰（訳）（2008）『華氏451度』早川書房.

トの自己は好みの場に入り、人生を豊かにするキャリア、特に幼少期の思い出に埋め込まれた捉われに取り組むキャリアへと導く台本を作る。カウンセリングの目標は、クライエントが課題、転機、トラウマに対処することができる自伝のプロジェクトの形を取って、このストーリーラインを編集し、採用する支援をすることである。

　台本は、自己を環境につなぐことに加え、最初の思い出とも結びつけられるべきである。ある人生の肖像は、幼少期の思い出にある捉われに対処するために必要な特徴を持つ自己を示していた。台本はその自己を行動につかせる。その台本は、クライエントがいかにして受動を能動へと変え、それにより自己を創り、捉われを解決するストーリーの筋書きを示す。また、キャリア構成理論におけるナラティブ・パラダイムには、マクロナラティブを構成する特別な方法があったことを思い出してほしい。それは、人がどのように問題に影響されてきたかということから、どのように人が問題に影響を与えることができるかということへの変容をたどっている。それは、クライエントがストーリーの再著述者になるという積極的な熟達を描き出す。それは、最も簡明に、数語で、どのようにクライエントは問題から解決へと向かうかを語っている。

　たとえば、ある女性クライエントは、上に4人の兄を持つ末っ子で、幼い頃はいつも、自分が彼らと対等であることを証明しなければならないと思っていた。彼女が話を語るにつれて、彼女の人生のテーマが明らかになった。彼女は、「証明する (prove)」から「改善する (improve)」へと進んだのだった。最終的に彼女は、自分がどれほどうまくやれるかを証明しなければならないという捉われを、自分を改善するために今日何をするかに集中することへと変容させることに成功した。対話は、彼女が自分の才能を磨き、キャリアを演じるために、いまや争うのは他者とではなく、昨日までの自分のパフォーマンスなのだということになった。カウンセリングで、彼女は自分の強さを社会貢献に活かし、人々がそれぞれの生活を改善する助けをするために聖職者になることを決心した。

この仕事の中で彼女は、エミリー・ディキンソンの詩『*The Province of the Saved*（救われた人の仕事）』（Dickinson, 1960）の一節を生きることとなった。「救われた人の仕事／救うこと――それは芸術であるべきだ／自分の中に獲得した技術を通して」。過去の否定的な経験を現在の強さと未来の機会へとつなぐことは、自己変容の過程を促進する。この変容のナラティブの再構成、すなわちマクアダムスが呼んだ**救済の台本**（redemption script）（McAdams, 2008）によって、人は転機を乗り越えることができる。ナラティブの救済の再構成は、自己変革とキャリアの転機を促進し、成功へと導く（McLean and Breen, 2009）。

多くの場合、ライフ・ポートレートは台本をクライエントの夢を言語化し、世界へ再び入るよう激励するために使われる。台本は、前もって決められていながら、同時に予測不能な選択を強いるひとつのメッセージである。台本はクライエントを未来へと運ぶストーリーの概略である。それはまた、クライエントを未来の闘争に向けて準備させるために情緒的問題を挿入し、論議する場所でもある。ここで、あるアフリカ系アメリカ人の大学院生の好きなストーリーについて考えてみよう。彼は映画『ハイヤー・ラーニング[*16]』が好きだった。その映画は、苦難を乗り越えて明確な目的を追求する男になったある大学1年生の物語だからであった（Singleton, 1995）。

脱構成

ここで、文化の担い手としての個人の危険負担について述べなければならない。文化固有の台本は、支配的な言説を明確にする。その言説は、人生を前進させる方法に焦点を当てることによって、アイデンティティ構築のための支持的構図を提供する。影響力のあるストーリーは、その文化における規範とみなされるようになる。その規範は有用ではあるが、自己の可能性と個

---

*16 ジョン・シングルトン（監督・脚本）(1995)『ハイヤー・ラーニング』コロンビア映画.

人が採用することができる生活様式の幅を狭める。文化固有の台本は、そこに生きる人々に文化的な前提、行動規範、ジェンダー・ステレオタイプ、社会的不平等に従うことを強いる。文化固有の台本は、その文化に内在する不和や矛盾を包み込み、人々を規制、抑制し、権力構造を支持し、誰がどのように問題であるかを定義することによって支配的な、あるいは主要なナラティブとなる。

　カウンセラーは、クライエントが自分自身の旅の台本を書くとき、彼らの権限を留保させたり、歪めたりすることがないように、そのような閉ざされたテキストを開かなければならない。カウンセラーの専門倫理として、クライエントの好きなストーリーには、人生を歪める可能性のある文化の産物があり、それは拘束的で、規制的な側面を持っていることをクライエントが識別できるよう援ける必要がある。カウンセラーは常に、クライエントのストーリーの中に隠されている自己限定的な考えや文化的な障害物を明らかにするために、どうすれば彼らのマイクロナラティブを脱構成することができるかを注意深く考えなければならない。

　カウンセラーは、ストーリーが何を見逃し、排斥し、忘れられ、不十分であるかを論議することによって、ストーリーを脱構成することができる。脱構成（deconstruction）は、クライエントのストーリーを壊す（destroy）ことではなく、ストーリーがクライエントの思考に与えている無批判な影響を取り除くことを追求することである。カウンセラーは適切と思えるとき、クライエントの好きなストーリーの中にある矛盾に光を当て、二分法に挑戦し、階層を平らにすることによって、クライエントのストーリーに潜む固定観念を明らかにし、確信に疑問を投げかける。それでも、認識以上のものが必要である。カウンセラーは、クライエントが自分の人生の中の文化的歪みの影響と対決するよう励ます。このプロセスは、クライエントが自分の人生の権威者として、信じていることで次に実行されなければならないことを直接調べることにつながる。

　台本についてもっと詳しく知り、それをより深く認識する訓練をするために、

カウンセラーは文芸批評を学ぶとよい。額面通りに受け取らないでほしいが、すべてのストーリーには5つの異なった台本があるだけだという批評家もいる。ホランドのRIASEC分類は6つの台本に絞っている。たとえば、Realisticな台本は弱さから強さへ、Artisticな台本は抑制された表現から豊かな表現力へ、そしてEnterprisingな台本は無視されている状態から認知されている状態へと向かう。

台本について基本から学びたいカウンセラーは、次の2冊の本を読むといい。ジョルジュ・ポルティは、『三十六の劇的境遇(Les trente-six situation dramatiques)』(Polti, 1916)で、すべての台本パターンを36の劇的な状況(野望、反乱、悔恨、復讐、惨事、喪失、誕生、狂気など)に凝縮した。彼は作家が筋書きを創作する助けをするためにこの書を著したが、キャリア構成カウンセラーが、クライエントの台本の構造を認識するのに役立つ。同じ系列で、ウラジミール・プロップは『昔話の形態学』(Propp, 1968)でロシアの民話100篇を検証し、5つのキャラクター(英雄、助手、悪党など)と31の行動(策略、争い、追求など)を明らかにした。

この2冊よりももっと直接的にキャリア構成カウンセリングに関係するのが、有名人による好きな本の紹介である。カウンセラーは、次の2冊のオーディオブックから聴き始めるといいだろう。最初は『You've Got to Read This Book』(Canfield and Hendricks, 2006)で、55人の有名人が自分の人生を変えた本について語っている。もうひとつは、『The Play That Changed My Life』(Hodges, 2009)で、21人の劇作家や俳優が、どのように芝居や演劇が自分に天職を与えたかについて述べている。

---

*17 野田高梧(1952/1987)『シナリオ構造論』宝文館などに収録されている。
*18 ウラジミール・プロップ(著)北岡誠司・福田美智代(1987)(訳)『昔話の形態学』水声社.
*19 これらの日本語版はないが、オーディオブックやポッドキャストは日本でも啓蒙教材として広まりつつある。

次のエピソードを考える

　以上で、職業の筋書きにおいて次のシーンを指し示す台本は明らかになった。次は、物事を動かす出来事やエピソードを命名することに注目する。このアセスメント手順の第6番目の要素で、カウンセラーは、クライエントの指針となる言葉を問うことを通して、何が行動を呼び起こすかについて考える。一般に指針となる言葉は、行動を導く原理、あるいは行動の規則に関する短い表現として語られる。また好きな格言は、クライエントが自分自身のために持っている叡智の言葉を表す。警句（エピグラム）は、行動への呼びかけとして、筋書きを次のシナリオへと動かすエピソードを示唆し、クライエントが自分自身に与える激励となる。それは予告的な真理として、職業的筋書きの次のシーンへの道を指し示す。

　クライエントの自己、場、台本を知ることは、カウンセラーにとっては十分であるが、クライエントにとっては十分ではない。クライエントは、自分の自伝における台本を次の章へ進める過程で、行き詰まっている、あるいは筆が止まっている（スランプに陥っている）から、カウンセリングを求めるのである。まさにいまこそ、クライエントの指針となる言葉を聞くことが彼らの行動を駆動させる手助けとなるときである。指針となる言葉は、ストーリーの監督（すなわちクライエント自身）から発せられる命令であり、その中には、クライエント自身が自分のために持っている最上の助言が表現されている。指針となる言葉は、クライエントが再び動き始めるためにしようとしていることが詰め込まれ表現されている。この人生の過程で何度も繰り返された意思や動機がスローガンとなり、クライエントは困難に遭遇したときに使うのである。この意味で、ローマ帝国のコンスタンティヌス帝の指針となる言葉は、その最たるものとなった。コンスタンティヌス帝は戦いに向けて自らを奮い立たせるとき、常にギリシャの格言「*In hoc signo vinces*（この微（しるし）に

より、汝は勝利すべし）」を自らに言い聞かせた。これこそが指針となる言葉の本質——すなわちそれによって人が自らの困難を克服する格言なのである。しかしながら、指針となる言葉に述べられている意図を認識するには援助を必要とするクライエントが多い。

　どのクライエントも、自分自身を導く心の内なる叡智を持っている。指針となる言葉の中に凝縮されている個人的な真理の深い意味は、クライエントの現在の状況という背景の下で鮮明になる。多くの場合、カウンセリングを訪ねた時点で、クライエントの指針となる言葉は直接、そして簡潔に、クライエントが探し求めている叡智を示している。カウンセラーは、指針となる言葉を、「カウンセリングはあなたのために、どうすればお役に立てますか？」という冒頭の質問に対するクライエントの反応と注意深く照らし合わせることによって、明らかにする必要がある。

　カウンセラーは、指針となる言葉が実はクライエントが探し求めている方向を指し示していることに気づくように支援するとよい。つまり、クライエントの指針となる言葉は、彼ら自身に対する最上の助言である。それはある種の自己療法であり、その中でクライエントは、ストーリーを新しい章に進ませ、そのストーリーをより完全なものにするために何をしなければならないかを、繰り返し自らに言い聞かせているのである。この自己組織化の叡智は、最も洗練された形で自力救済をしているのである。

行動への呼びかけ

　デンマークの小説家イサク・ディーネセンは、その回顧録の中で、指針となる言葉が自助の機能を果たすことについて1章を設けて述べている（Dinesen, 1979）。その章で彼女は、人生を通じて自らに言い聞かせてきた指針となる言葉を振り返って、アイデンティティを結晶する一部になった最初の指針となる言葉から話を始めている。「確か私が15歳の頃だったと思う……豊かな可

能性がその指針となる言葉の中に凝縮されていて、私は初めて若い自分にとっての本物の指針となる言葉を選んだ。『航海することは必要だが、生きることは必要ではない』」。ディーネセンは、「私は、この言葉のおかげで、ゆるぎない自信を持って自分の道を歩むことができた」と述べている。この指針となる言葉の変化したものが、その後の人生においても役立っている。「困難にあっても、恐れるな」と。そして「いまだに、私は征服されていない」。ディーネセンの指針となる言葉は、次に何をなすべきかを彼女に語っていた。

多くのクライエントが、暗々裏に、次に何をなすべきか知っている。カウンセリングを効果のあるものにするためには、クライエントが知っていることを明らかにする以上のことが必要である。目標は、クライエントが自身の持つ叡智に耳を傾け、それをカウンセリングに持ち込んだ問題に直接、どのように適用するかを吟味することである。それは簡単に見えるだろうし、実際その通りである。にもかかわらず、それは重要な意味を持つ。クライエントは自身の助言に耳を傾けるプロセスで、自分の人生の著述をしながら自身の権威を強化していくことができる。クライエントは、自分の疑問に対する答えは自分自身の内にあることがわかって、自信をつける。カウンセラーは、クライエントの人生についての権威としてではなく、クライエントの直感的な解決を認証し、それを練り上げていく証人として機能する。

『オズの魔法使い』は、カウンセリングと心理療法のこのような側面に関連する文化的ナラティブの中に、ドロシーが自分自身の内に、家に帰る力を持っていたことを読者に伝えている。彼女は、両かかとをカチッと合わせればそれができるのだった（LeRoy and Fleming, 1939）。このストーリーが伝えたかったことは、映画版の最後に出てくる対話の中で明確に示されている。

　　ドロシー：私を助けて？　助けられる？
　　グレンダ：もう、助けてもらう必要はないわ。あなたはいつもカンサスに帰
　　　　　　　る力を持っていたのよ。
　　ドロシー：私が？

カラス：　だったら、どうしてそれを言わなかったの？
　グレンダ：信じなかったと思うから。自分で学ぶべきだったのよ。

　ドロシーがよく理解したように、解決は虹のかなたにあるのではなく、自分自身の中にある。
　カウンセラーは、クライエントの指針となる言葉を聴きながら、クライエントが格闘している問題と助言をつながなければならない。これによって格言は、いま抱えている問題を解く行動への呼びかけとなる。いま、読者が自分の好きな格言を思い浮かべ、その格言がこれまでの人生全般といま直面している困難とどのように関わっているかを考えると、助けになるだろう。
　夫から働きに出ることを止められていた女性の格言は、「縛っている絆を断ち切れ」であった。長年の夢であった仕事を追求するのをためらっていた女性の格言は、「人生はあなたがそれを生きるまで人生ではない。愛はあなたが与えるまで愛ではない」であった。両親から医学を専攻するように圧力をかけられていた大学生の格言は、「他人の期待に屈服するな」であった。行きたい大学院に行けなかった学生の格言は、「ドアが閉まっているとき、窓が開いている」であった。思いもしない遠隔地でインターンをするように言われた医学生は、「持てるもので、できることをせよ」だった。大事な試験に落ちた学生の格言は、「うまくいくかどうかは自分次第」であった。慢性的な抑うつに悩まされていた音楽家の格言は、「すべての苦しみはこの世に生まれ出ようとしている愛の証」であった。気分障害に苦しんでいた詩人の格言は、「舞踏する星になるには、自らのうちにカオスを持たねばならぬ」(Nietzsche, 1954) であった。キャリア半ばで、困難であるが重要な職業的転機を迎えていたある女性役員の格言は、「花を開く危険性よりも蕾を固くしたままでいる危険性が痛みを伴うときが来た」（アナイス・ニンが言ったと伝えられている）であった。盲目のクライエントの格言は、「試しにやってみよう」であった。彼女はまた、自分のヒーローであるスティービー・ワンダーの言葉「できないなんて受け容れられない（Impossible is not acceptable）」を引用した。物質的な成功

に疑問を抱いたある弁護士は、恵まれない人々のために時間と金品を寄付したが、彼女の格言は、「簡素に生きよ、そうすればほかの人々も生きていける」であった。

　キャリア構成カウンセラーは、カウンセリングの最後の10分間に、何度も指針となる言葉に戻る。カウンセラーは、クライエントが自分自身のために持っている助言を聞くことができるように、指針となる言葉の意味をいろいろな角度から解きほぐす。クライエントにとって重要なことは、カウンセラーに求めていた答えは、実は常に自分自身の内にあったのだということを理解することである。それこそがまさに、クライエントがカウンセリング・ルームを出ていくときに持ち帰る必要がある言葉なのである。彼ら自身の指針となる言葉が彼らを前進させる。

　どの法科専攻の準備が自分に適しているかに迷って来談した、ヒスパニック系の女子学生の例を考えてみよう。カウンセリングを始めるとすぐに、彼女が心理学者になりたいと思っていること、しかし父親を失望させることを恐れてそれを告げられないことがわかった。彼女の好きな格言は、「人は何をするかで決まる。何もしなければ、何者でもない」であった。彼女はキャリアストーリーの中でこの格言に何度も立ち戻ることによって、父親に心理学者になることを告げる勇気を得た。彼女は最終的に心理学部の教授になり、心理学部の学生に法律と倫理学を教えている。

未来のシナリオを書く

　アセスメント手順の第7番目で、カウンセラーは、クライエントが入学する大学や大学院の専攻、あるいは就職する職業分野について考えをめぐらす。前の手順でクライエントの職業の筋書きやキャリア・テーマについて検討してきたので、この段階で可能なシナリオはおのずから明らかとなる。しかし、カウンセラーはそのリストを広げるため、より形式的な手順を踏むこともあ

る。この段階で、古典的な職業ガイダンスのマッチング・モデルを実施するために考案された人－職業マッチング（person-occupation translation）資料が役に立つ。特に、ホランドの仕事環境分類法（Holland, 1997）のようなパーソナリティ分類法に基づくものが有益である。たとえば、カウンセラーはホランドのRIASEC言語をクライエントの好きな環境に適用して、彼らのお気に入りの雑誌、テレビ番組、ウェブサイトを職業コードに翻訳することができる。そして、その職業コードを『Dictionary of Holland Occupational Codes』に照らし合わせると、合致する職種のリストが得られる。

　一例を挙げると、あるクライエントは、『Us』[20]、『Star』、『Soap Opera Digest』[21]を定期購読しており、好きなテレビ番組は2つの連続ドラマ『ザ・ヤング・アンド・ザ・レストレス』、『ザ・ボールド・アンド・ザ・ビューティフル』と『サバイバー』と『オズ』であった。セレブや連続ドラマに関する雑誌は、「社会的」環境を示していた。また耐久力と身体能力を競うテレビ番組『サバイバー』と、警備の厳重な刑務所を舞台にした『オズ』は、「現実的」環境を示していた。『オズ』は実験的な閉ざされた環境の中で多くの筋書きが展開され、リハビリテーションと社会的責任の学習を強調するという内容であった。これらを組み合わせて、クライエントの答えを総合すると、クライエントは「社会的－現実的」な環境を好むということが理解できたので、いくつかの職業をリストアップした。警察官、コーチ、理学療法士、助産師、足治療医（podiatrist）、社会復帰カウンセラーなど。クライエントはリハビリテーション・カウンセリングの学位を取得した後、職業リハビリテーション機関で雇用促進専門家として働き始めた。この職業と場は、彼女の「社会的－現実的」な好みに合致していた。

　もうひとりのクライエントの例を見てみよう。彼は英語学を専攻し、読んでいる雑誌は『Utne Reader』[22]、『Poets and Writers』、『International Literary Quarterly』、『Archeology』、そして『ナショナル・ジオグラフィック』であっ

---

[20]　芸能・ゴシップ情報を扱う週刊誌。『Star』も同様。
[21]　ソープ・オペラ（昼の連続ドラマ）の内容や関連情報を紹介するエンタテインメント雑誌。
[22]　さまざまなメディアに掲載された芸術・文化・政治などの記事を再編集してまとめた季刊誌。

た。最後の雑誌は、「冒険、ミステリー、想像力のために読んでいる」ということだった。これらの雑誌からクライエントが「芸術的」環境を強く好み、次に「探索的」環境に興味があるということがわかる。そこでこれらを組み合わせ、クライエントの答えを総合すると、彼は「芸術的－探索的」な環境を好むということがわかり、その中には、作家、編集者、舞台装置デザイナー、イラストレーター、建築家などの職業が含まれていた。現在、そのクライエントは、オーストラリアで雑誌のコピーライターとして働きながら、空いた時間を利用して季刊の詩集を編集発行している。

　アセスメント手順8番目の最後の要素として、カウンセラーはクライエントの当初の来談の要請への応答を組み立てる。多くの場合、それは専攻する学問分野や、選択すべき職種に関する提案ではない。それは主に、クライエントが前へ進むことをためらわせている問題を明確化することである。

　たとえば、最近カウンセリングに訪れたクライエントは、「私は自分が何になりたいのかわからないのです。私はこの大学で時間を無駄にしているのではないでしょうか？」と言った。最後に、彼女はコミュニティ・カウンセラーになる訓練の途中で、ロースクールに行くことに決めている、と明言した。彼女は最初、カウンセリング・プログラムを辞めることを考えていると言ったが、カウンセリングの最後には、本気でその訓練を辞めようと思ったことはなかったことを認めた。

　この1回のセッションの相談は、彼女がいつも声なき人々の擁護者になりたいと思っていた自分を自覚する上で有益なものとなった。現在彼女は、カウンセラーの訓練は公民権擁護の法律家としての後のキャリアに活用できると自覚することになった。もはや彼女は、プログラムを無駄な時間とは思わず、それを権利擁護者としての自分の人生に結びつけ、自己成長と専門家としての発達のための投資と認めている。彼女はこれらのことをすでに知っていたのだが、それをより連続的、統一的、包括的に物語る必要があったのである。

第8章
キャリア構成のためのカウンセリング

　カウンセラーは、8ステップからなるアセスメント手順を実行した後、新しいキャリア視点からクライエントのこれまでの人生経験を描き出すライフ・ポートレートを構成する準備をする。カウンセラーは、小さなストーリーを大きなナラティブへと変容させるライフ・ポートレートを描く。その大きなナラティブは、アイデンティティを表現するもので、現時点での変化を理解させ、未来の位置を展望させる上位からの視点をもたらす。この構成された描写を使い、過去の経験を展開させて次に進め、未来の選択を眺望させるところの超視点（superordinate view）を提供することで、カウンセラーはクライエント自身が人生の理解を深める手助けをしたいと望む。このことは、キャリア・テーマを使って、未来へと職業の筋書きを伸展させることによって実現できる。つまり、カウンセラーはライフ・ポートレートを構成して、未来を予測させ、過去を再構成して行動を促進させる。

　ライフ・ポートレートを作成するために、カウンセラーはクライエントのマイクロナラティブをマクロナラティブへと再構成した最初の草稿を作成し、クライエントとともに、クライエントによって承認される最終稿を構成する。ある種の芸術作品として人生を描き出しながら、カウンセラーは、主要なキャリア・テーマと、新しい職業の筋書きへと広がることにつながるクライエントの独特の個性に光を当てるポートレートを作成する。すなわち、カウンセラーは、キャリアストーリー・インタビューで得た小さなストーリーを大きなストーリーへと再構成するという方法を用いて、具体的なストーリーか

ら抽象的なテーマを抽出して、ライフ・ポートレートを作成する。次の節では、ライフ・ポートレートを書くための原則を説明することで、キャリアストーリー・インタビューに表れた一連のテーマが大きなストーリーの原型を示すことを論じる。

一般原則

　ライフ・ポートレートは、以下の5つの原則に沿って書かれる。第1の原則として、アイデンティティ・ナラティブを構成するとき、カウンセラーは、クライエントの人生について、その時の特定な期日における可能なかぎり最良な語りを聴き取る必要がある。そのポートレートに、クライエントの個性と価値観を注ぎ込むことによって、カウンセラーはクライエントの人生における尊厳と意味を高める。カウンセラーは、できるだけ合理的に、いま進行中の人生を、いきいきと描く努力をする。

　すべての場合において、カウンセラーは、キャラクター・アークを希望という方向に向け、クライエントの夢を言語で表現することによって明確化する。たとえば、あるクライエントは、皮肉を言う十代の青年から、叡智を他者と分け合う大人へと自分自身が成長したことに感激を感じたと語った。カウンセラーは、過去の経験の影響力を使って、現在の詩情ある人間性や未来のキャリア構成への方策を確かなものとして感じさせる。そして、カウンセラーは、いつでも、最も信頼できる方法で大きな物語を語り、さらにそのストーリーを語り続けられるようにする。その様子は、まるでしっかりと壁に固定されて掛けられて、その場所にとどまり続ける1枚の絵のようでもある。

　第2の原則として、カウンセラーは、可能性を開く形でナラティブを構成する。クライエントのストーリーの多くが、さまざまなメタファーを用いて何度も言い換えられる。ライフ・ポートレートは、クライエントによって語られるメタファーに光を当てるべきである。具象的に表現された言語に、可能

性という種を植え付け、そこから新しい選択肢が成長する（Neimeyer, 2004a）。このように、メタファーによって、解き放たれて広がりを生み出し、深みに達して意味を創造する必要がある。カウンセラーは、クライエントのメタファーを使うだけでなく、できるだけ多くクライエントが使った語彙やフレーズを使うようにすべきである。クライエントのやり方で、クライエントの言葉で人生を語らせると、理解と信頼性を促進させる。

　必要に応じて、カウンセラーは新しい言語を使って、制限されているものを取り除き、生活空間をさらに広げることもある。「プライバシー」という言葉に当惑したロシアの少女の話（第2章）を思い出してほしい。その言葉の意味を学ぶことによって、彼女の人生に新しい空間が開かれた。カウンセラーは、新しい言語を付け加えることで、人生を束縛するような誤った二分法的な考えや、自己を分裂させるような他者からの期待と対峙することによって、クライエントの行動範囲を押し広げることができる。人は、言語が表現できる範囲だけを見ることができる。それゆえ、新しい言葉を付け加えたり、「あれかこれか」を「あれもこれも」と言い換えたりすることによって、新しい方向への動きを推進させることができる。

　第3の原則として、ライフ・ポートレートの作成は、職業の筋書きを伸展させるテーマに生命を吹き込むことに集中すべきである。クライエントに理解の変化が生じるのは、新しい統一性が生じることによって、以前の意味体系の構成が再組織されるときである。カウンセラーは、職業の筋書きを再整理させるためにキャリア・テーマを際立たせて、アイデンティティを再生させ、人生を再活性化させる。ライフ・ポートレートを1枚のタペストリーと見るなら、パターンあるいはテーマは、さまざまな糸をつなぎ止める生命ある留め糸に喩えることができる。カウンセラーは、一見したところバラバラに見える出来事の内に見受けられる、統一しようとする意志や重要な観念を際立たせて、テーマとしてのパターンに光を当てる。ライフ・ポートレートは、現在まで前向きに着実に運ばれてきた過去からの傾向を示すことで、漸進的に全体性を実現することを強調するものでなければならない。ここで記

憶しておいてほしいことは、筋立てを集約することによって、結論へと向かう連続するストーリーに整理することである。こうして、大きなストーリーすなわちマクロナラティブは、小さなストーリーを固定糸に沿ってつなぎ合わせ、漸進的に発達させ、意味を練り上げる基底となる論理を際立たせる。

　アイデンティティ・ナラティブをパターン化させるとき、カウンセラーは、クライエントのストーリーを、テーマとなる留め糸に沿って、前に後ろに、そして内に外に手繰り寄せるという解釈学的な立場をとるとよい。このようにすることは、たいてい難しくはない。というのも、クライエントのマイクロストーリーは繰り返される傾向があり、そのマイクロナラティブを通して、中核となるテーマが何度も出現するからである。

　カウンセラーは、小説家と同様に、表面上のストーリーの下に存在する、基底となるある特定の統一性を示そうとする。人生はバラバラな出来事の集合体ではない。クライエントは、個々の独立した事実と格闘しているのではなく、テーマと格闘しているのだ。キャリア・テーマは、目的と意味を説明するものであり、その人の最も顕著な献身とエネルギー投資を正当化するものである。ナラティブ・アイデンティティによって、主題を何度も明確に繰り返すことによって、テーマとなる糸をたどり、興味深い出来事であっても、特に関連性のない事実や情報の中に迷い込むことを避けることができる。

　第4の原則として、ライフ・ポートレートは、クライエントの思考を形づくり、ある一定の行動へと向けさせるキャリア・テーマとなるので、信頼性があり、包括的であり、一貫性があり、継続性のあるものでなければならない。クライエントは、ライフ・ポートレートによって現在の転機の本質が明らかにされるならば、そのポートレートを通じて自分自身を見つめるに違いない。ポートレートは、クライエントが受け容れることができるほどの信頼に足るものでなければならない。一貫性のある裏付けによって、細部にちりばめられたアイデンティティ・ナラティブが論理的かつ体系的に構成され、信頼性は高められる。

　とはいえ、カウンセラーは、信憑性を犠牲にしてまで論理の一貫性を追求す

るべきではない。人生には曖昧性、矛盾、多様性が存在するのだから、適切と思える場合には、ライフ・ポートレートはそれらを包含すべきである。メインテーマというよりは、異なるさまざまな方向へと伸展させる多様な定義や期待が、新しい可能性を開く場合もある。ライフ・ポートレートはたとえ複雑さを含んだとしても、包括的なポートレートは各部分を明確にし、一貫性のあるポートレートは各部分を統一し、継続性のあるポートレートは漸進的に全体を現実のものとして見せる。

最後の第5の原則は、ライフ・ポートレートを構成するとき、カウンセラーは、クライエントのストーリーの意味を解釈するにあたって、訓練され制御されていなければならない。キャリア構成カウンセラーは、クライエントを援助して、暗示されている意味を注意深く吟味させ、意味のより広い次元をより精緻なものに練り上げさせる。

キャリア構成カウンセラーは、現代心理学の表面的な公式を用いてクライエントの個性を説明してはいけない。真実は非常に複雑で、カウンセラーによって簡単に解読されるようなものではない。キャリア構成カウンセラーは証人となって、クライエントと協働して意味と理解を構成し、クライエントの尊厳を尊重する。

キャリア構成モデルでは、カウンセラーはキャリアストーリー・インタビューからクライエントのナラティブを再構成してライフ・ポートレートを作成する。次に、変革を生じさせる会話を通して、クライエントと共に意味を構成する。共に構成するという過程を通して、クライエントはライフ・ポートレートの中で光を当てられたテーマについて熟考し、新しい物語を協働して執筆する (Schafer, 1983)。

クライエントがマイクロナラティブをマクロナラティブへと再構成する過程において、カウンセラーは、解釈よりも美的なおよび経験的な推理立てを重視する。カウンセラーは、通常、シンボルを解釈したり、精神力動的に定式化を行ったりはしない。カウンセラーは、絵の中に美を見出したり、交響曲の中に統一性を見出したりするのと同じく、審美的な解釈を好む。選択した

ものの説明ではなく、どの文脈でその選択をしたかの説明を解説した方がよい。クライエントは、重大な変化がどのような文脈で生じたかを知れば、現在の転機の中身を理解しやすくなる。カウンセラーは、クライエントの意味と意志を理解しようと歩み寄るのであって、それらを押し付けるのではない。カウンセラーの中には解釈を一切避けることを好む者もいるが、それは無理である。クライエントのストーリーに反応し、その要素を強調することによって、カウンセラーはすでに意味を形づくり始めている。解釈はカウンセラーが独りで行うものではない。すなわち、クライエントが話すべきストーリーを選び、それをどう話そうかと考えるとき、クライエントとカウンセラーの関係性が解釈に関与していることになる。

　ライフ・ポートレートを構成する時が来たとき、アイデンティティ・ナラティブの基となる出来事、メタファー、言葉を選ぶというその行為の中で、解釈はすでに始まっている。クライエントは、この解釈の過程においてカウンセラーを導く。キャリアストーリー・インタビューの過程で、カウンセラーは、「それはどういう意味ですか」、「それをどう見ますか」、「それらをどうやって一体化させますか」などと頻繁に質問することによって、クライエントに自分自身を解釈するように促す。ライフ・ポートレートの草稿を再構成する際は、カウンセラーは、このようになされたクライエント自身の自己解釈を際立たせて、同時に、カウンセラーの微妙で、感受性の高い、思慮のある解釈を付け加える。

　このようになされた解釈が倫理的であると同時に審美的であるために、キャリア構成カウンセラーは、体系的に集めたデータを厳格にしかも懐疑的に検証する。カウンセラーは語られているストーリーに**耳を傾ける**（listen to）のではなく、いまだ語られていないストーリーを**聴き取る**（listen for）のだから、カウンセラーの解釈は、認識論的視点、経験的理論、体系的枠組みから生まれるものである。カウンセラーは、キャリア構成理論を用いて、テーマを認識し、語りの詳細を選び、ストーリーをつなぎ合わせ、統一された全体を組織する。そうする過程で、カウンセラーはクライエントの表面上のマ

イクロナラティブの直下に存在する微妙なるものに解釈を加える。そしてカウンセラーは、この説明によって離れた地点から全体の観察を行う。そのような全体観察は、クライエントが独力ではすることができない。カウンセラーは、論理と直感の両方を用いてライフ・ポートレートを構成するのだから、自らのバイアスに注意し、自らの評価によって生み出された結論に対して批判的でなければならない。

　クライエントの小さなストーリーを大きなストーリーに再構成した後、クライエントと共にそのポートレートを修正し、クライエントによって是認されるアイデンティティ・ナラティブを共になって構成するとき、カウンセラーは誤解や驚きに対して開かれていなければならない。ライフ・ポートレートの構成についてさらに学びたいカウンセラーは、以下の著作を読むことをお勧めする。『*The Art and Science of Portraiture: A New Approach to Qualitative Research*』(Lawrence-Lightfoot and Hoffman Davis, 1997)、『*Career Counseling: A Narrative Approach*』（Cochran, 1997)。

　要約すると、アイデンティティ・ナラティブを構成するための5つの原則がカウンセラーに要求するものは、最善のナラティブを形成し、新たな可能性を開き、皮相的な解釈を避け、テーマに集中し、継続性と変化の両方を説明する複雑性を包含することである。カウンセラーは、クライエントの夢を支え、困難なときには導きの手を差し伸べるようにして、ライフ・ポートレートを構成する努力をする。そのようなマクロナラティブは、不朽の生命力を持っているので、クライエントのアイデンティティが新鮮で抽象的に表現した像として描き出され、クライエントに情報を与え、同時に勇気を与える。

　ライフ・ポートレートを構成するための原則について検討を終えたので、次はナラティブを構成するときにカウンセラーが採る特別な手順について検討しよう。

構成を組み立てる

　体系的な手順によって、ライフ・ポートレートは構成される。一般的な手順は、6つのテーマに沿って進められ、それぞれのテーマが次のテーマを導き、推進力が生み出される。テーマごとに数行の文章を必要とするクライエントもいるが、テーマごとに1段落必要とするクライエントもいる。最初のテーマは、概観を示す。映画監督が用いる芸術の原則に従えば、登場人物を描く人がまず構図を立ち上げ、その後構成中の場面に連れていき、最終的にそこに関与する時が生まれる。

テーマ1：捉われ

　ライフ・ポートレートの第1節は、サーバーがタビネズミの寓話の中で述べている格言に従う。「すべての人は死ぬ前に努力して学ぶことがある。自分がどこから来て、どこへ行こうとしているか、そしてなぜそうするのか」（Thurber, 1956）。クライエントの人生を小説のように語るにあたって、カウンセラーは、クライエントの幼少期の思い出に注目して、中核となる問題、キャリア・テーマの起源、キャラクター・アークの基盤を知る。アイデンティティ・ナラティブをクライエントに提示するとき、幼少期の思い出で示されている捉われとなった思い出について話し合うと、スムーズに展開する。いままでは、幼少期の思い出を語ることは、キャリアストーリー・インタビューの最後のテーマであったが、それをアイデンティティ・ナラティブの最初のテーマに持ってくることによって、スムーズな展開が生まれる。

　カウンセラーは、問題の中核を探るために、クライエントの幼少期の思い出で語られている、何度も直面してきた捉われによる問題を確認する。その後、カウンセラーは次のように自分自身に問いかける。「ナラティブはどの

ような質問に答えようとしているのか？」、「ライフ・ポートレートをどのような形で始めるべきか？」、「それをどう話すべきか？」、「どんな複雑な要素、対立が含まれているのか？」、「どのような結末が実りをもたらすか？」と。

　心理療法士で文芸批評家のアラン・ハンターは、「文学に人生を読む」ことについて触れた著書の中で、人生とは中核となる問題に何度も立ち返ることであると明快に説明する（Hunter, 2008）。ハンターはJ・K・ローリングの『ハリー・ポッター』シリーズを分析し、人は人生を通して何度も同じ基本的な苦闘に立ち戻るということを示している。人は、捉われという問題に立ち戻るたびに、いままでよりもより深い層で、より複合的にそれと取り組むことによって、前へと進む。各篇ごとに、あるいは学年ごとに、ハリー・ポッターは新しい能力を獲得し、人間力を高める。しかしハリー・ポッターが目的を持って追及しているのは、力でもなければ利己主義でもない。新しい篇になるたびに、立ち戻り展開している問題は、愛と忠節である。われわれ自身のストーリーと同じく、ハリーのストーリーは、神秘的雰囲気を少しも失うことなく、年を経るごとにますます明快なものになっていく。

　詩人のエドナ・ミレイは簡潔に述べる。「嫌なことが次から次に起こるのが人生、というのは真実ではない。1つの嫌なことが何度も起こるのが人生だ」（『Famous Poets and Poems』*1 より引用）。それゆえカウンセラーは、クライエントが繰り返して直面してきた「嫌なこと」について、そしてそれがクライエントにとって何を意味するのかについて述べることから始めることで、ライフ・ポートレートを語る。このようなポートレートの技法を使うのは、クライエントの個人的な意味にクライエント自身の最も深い感情を注ぎ込むことによって、クライエントの本質的な情動を伝えたいからなのである。

　このページを書いているとき、私は『ニューヨーク・タイムズ』に掲載されていたある物語を読んだ。そこでは、シンガーソングライターのカーリー・サイモンが、「常に自身の人生ナラティブによって突き動かされてきた」（Clifford, 2009）と書かれていた。ステファニー・クリフォードによるその記

---

*1　http://famouspoetsandpoems.com/poets/edna_st__vincent_millay

事の中で、64歳のサイモンは「私はこれまでの人生であまりにもためらってきたことが多かったので、物事に正面からぶつかっていくことのできる、ためらわない人になりたい。私はこれ以上自尊心を傷つけたくはない」と語っている。サイモンがレコーディング・プロジェクトの件でスターバックス社を相手に訴訟をした際、クリフォードは、サイモンの人生テーマは、「信頼の裏切り、男は不正を働き、女はそれを埋め合わせようとする」ことであると指摘した。サイモンはスターバックス社の最高経営責任者であるハワード・シュルツ宛に覚書を送ったが、彼女はその中で、「ハワード、詐欺は信頼によって、そして次に裏切りによって生まれるのよ」と書いた。クリフォードは、サイモンの最初のヒット曲『幸福のノクターン』に、彼女の中に継続している個人的な意味が表現されていると指摘した。

テーマ2：自己

　捉われについて述べた後、ライフ・ポートレートの第2節では、クライエントが捉われに対処するためにどのように自己を構成してきたかを描写する。この自己構成によって、あの「嫌なこと」に対応するために必要とされるすべての特性を有する個性が生まれる。ライフ・ポートレートのこの段階では、まだ明確に表明されていないが、クライエントがカウンセリングに持ち込んだ問題、あの「嫌なこと」が別の衣装を着けて現れていると暗示的に述べられる。肖像画家としてのカウンセラーは、クライエントが自己に組み込んできた主な特性は、生涯を通して重要であり、そして現在の問題に対しても有効であると、クライエントに必ず強調して伝えなければならない。

テーマ3：場面

　ライフ・ポートレートの第3節では、クライエントが自己を置きたいと望んでいる社会環境と適切な場所について説明する。ライフ・ポートレートに

は、クライエントが自ら好む環境で活動できるように、いままでどれほどうまく自己を適合させるように構成してきたかについて、いくつかの実例や詳細が加えられなければならない。カウンセラーは、また、クライエントが示す多様な場面への興味にも敏感でなければならない。1つの場面（たとえば社交的な世界）に極度に特化した興味を抱くクライエントもいれば、特化されているとはいえ、2〜3の複数の場面に興味を抱くクライエントもいる。彼らにとっては、さまざまな文脈がさまざまな意味を引き起こす。カウンセラーは、クライエントがさまざまな場面で示すさまざまなアイデンティティについて対話しなければならないが、それらのお気に入りの場面のすべてに共通するパターンを提示することも忘れてはならない。興味が特化されていない——すなわちほとんどすべての分野に興味を持っている、すなわちあらゆる場面に何らかの興味を示すクライエントに対しては、そのクライエントはどれほど柔軟性があり適応性があるパターンを生きてきたかを描くライフ・ポートレートを提示しなければならない。

テーマ4：台本

　第4節では、台本を物語ることによって、自己と場面とを明確に統一する。台本を構成するとき、クライエントがお気に入りのストーリーについて語る際に使用した語句を使うようにすると有効である。それらの語句には、クライエント自身が仕事の場で、そして人生全体を通して、どのように演じたいかを明確に示している。台本の提示は、何回も繰り返されるテーマに関係があるクライエントを変化させる場面に光を当てるものでなければならない。それはまた、クライエントの信念——すなわち、クライエントが人生を捧げてきた理念——についても述べられていなければならない。このことがいかに力強いかを示す実例として、あるカウンセラーがクライエントに次のように言っているのを聞いたことがある。「あなたは、だから探偵になったのですね——あなた自身の家族の謎を解くために」。

テーマ5：助言

　ライフ・ポートレートの次の節では、クライエントはある一幕の終わりにカウンセリングを求めてきたということを伝える。幕間があり、いまこそ次のエピソードの幕が上がるときである。ストーリーが展開するためには、当然、継続性と一貫性がある。そうでなければ、主役も観客も消えてしまう。脚本家、すなわちクライエントは、主役である自分自身に、方向性を与えなければならない。これこそに、クライエントのお気に入りの格言の深い意味がある。その格言は、脚本家としての自己が、主役としての自己に与える方向性なのである。

　カウンセラーは、幕間の後、職業上の筋書きを先に続ける次の幕が開始するように、台本との関連づけを明確にしなければならない。カウンセラーは、その格言を面接セッションの残りの時間、幾度となく繰り返し、その深遠な意味を、内側へ、外側へ、後方へ、前方へと伸展させなければならない。

テーマ6：未来のシナリオ

　ライフ・ポートレートの最終節では、クライエントがカウンセリングを求めた理由に再度も言及し、それをライフ・ポートレートの他の節と関係づける。カウンセラーは、クライエントが提示した問題について一貫した理解を示すことを通じて、クライエントの問題の本質を明らかにする。この結論の節で、カウンセラーは、どのように「あの嫌なこと」が職業の筋書きで再び起こっていた可能性があるのか、どのようにキャリア・テーマが職業の筋書きを伸展させ、未来のシナリオを描くか、そしてクライエントのお気に入りの格言によって、クライエントが次にしようと提案していることがどのように要約されているかを説明する。この節でカウンセラーがしなければいけないことは、クライエントの個性は成長する課題に対する解決法として形成されたも

のとして概念化し、クライエントの興味は、緊張（tension）を意志（intension）へ、問題をチャンスへ、捉われ（preoccupation）を職業（occupation）へ転換する手段として概念化されたものとして提出することである。職業的興味は、クライエントが困難な課題、職業的転機、トラウマに取り組むことを可能とする概念として提示される必要がある。

　ポートレートは、クライエントにとって、未来は想像できて達成できるものであるとする形で、彼らの興味の起源だけでなく現在の意味と意義を理解させる機会を与えるものでなければならない。この節には、クライエントの人生にとって想像上の真実が含まれることもある。そのような個人的な神話が、キャラクター・アークの中に要約されているかもしれない。

　アイデンティティ・ナラティブを構成する審美的原理として、キャラクター・アークを遡れば、クライエントがどのようにして、問題を強さに転換し、そしてその強さを職業や社会貢献に転換してきたかが明らかになる。クライエントの喩え話を思い出してほしい。どのようにして恐れを不屈に転換し、何かができると証明すること（proving）から実際の改善（improving）へ、皮肉屋（wisecracker）から賢人（wise man）へ転換したかを。最後に、ライフ・ポートレートのこの最終節は、前に進む道、すなわちクライエントが彼ら自身の人生においてヒーローやヒロインの役を演じる新しい章を提示する。

　クライエントとの2回目の面談に臨む前に、カウンセラーはライフ・ポートレートを全体的に見直す必要がある。アイデンティティ・ナラティブを吟味しながら、カウンセラー自身が、善対悪といった不毛な二分法に陥っていないかを確認する必要がある。ライフ・ポートレートは、客観的に正しいという**論理的な妥当性**というよりも、クライエントにとって**実用的な妥当性**、つまりクライエント自身にとって主観的に役に立たなければならない（Neimeyer, 1995）。このようにカウンセラーは、ライフ・ポートレートを見直し、それがクライエントにとって有益であるか否かを判断する。2つの異なったライフ・ポートレートが、同じように有益である場合もある。それゆえカウンセラーは、自分自身に、このアイデンティティ・ナラティブがクライエントにとっ

て、自己探求を容易にし、職業探索を促進し、キャリア意志決定を強化するという点でどれほど役に立つものであるかを問わなければならない。最初のライフ・ポートレートをまとめ終えたら、カウンセラーは、クライエントとのカウンセリングの準備を始める。それは最初の1時間の後半の30分の場合もあれば、第2セッションの場合もある。

ライフ・ポートレートをクライエントに語る

　キャリア・カウンセリングの2回目の面接は、クライエントに、「この前の面接の後、何かより明確になったことがありますか？」と質問することから始まる（Neimeyer, 2009）。カウンセラーは、この質問に続いて、クライエントに、「この前のセッションで語ったことに付け加えたい話はありませんか？」と質問する。次にカウンセラーは、「あなたがキャリアを構成していくうえで、私はどうすればお役に立てますか？」という冒頭の質問に対するクライエントの答えを反復し、ライフ・ポートレートの章を書き始める前に、クライエントを悩ませている周辺の問題を特に取り上げる。

　カウンセラーはカウンセリングの開始を、クライエントのマイクロストーリーから再構成したライフ・ポートレートの草稿をクライエントに語ることから行う。カウンセラーは、クライエントがどのようにして独自の生き方を形成してきたかのストーリーを、テーマを強調しながら、そしてクライエントのキャラクター・アークをドラマチックに表現しながら語る。カウンセラーは、クライエントは単なる役者ではなく、自分自身のストーリーの著者でもあることをうまく説得して自信を持たせる。そうする中で、カウンセラーは、アイデンティティ・ナラティブの中で、クライエント自身がそうであると思っている自己像と、他者によって描かれた自己像の間を流動的に自由に行き来できるようにして、クライエントのより内省的な自己感覚に影響を与えようとする。そのように描かれたポートレートは、クライエントの独自の

ストーリーを注意深く聴き取った真正なものでなければならないが、カウンセラーによる事実の宣告であってはならない。それは仮説としての真実であって、疑問や修正に対して開かれたものでなければならない。カウンセラーが望むのは、そのアイデンティティ・ナラティブを、クライエントにとって真実とは何かを探す旅に彼らを連れていくために、対話と熟考の資源として使うことである。クライエントの人生を支えてきたキャリア・テーマをクライエントに語り戻すことによって、カウンセラーは、クライエントにいま何が問題となっているのかを明らかにし、クライエントに彼ら自身の魂を共振させる選択を行うように奮い立たせる。

熟考と内省のためにライフ・ポートレートを使うことは、クライエントが自身をより深く見つめ、自分の人生をどのように歩んできたかを理解する手段となる。カウンセラーは、クライエントにライフ・ポートレートの著述にとりかからせて、しばらく彷徨させ、多少とまどいもさせて、啓発された気づきをともにその著述を終えるように促す。全体性を追求して自己を内省することによって、クライエントは、自己の環境からより大きな意味を引き出すことができる。ライフ・ポートレートを考えることで、それが何であるかを知るようになり、それを分析し、それから学び、そしてそれを変えることができる。この内省は、時間をかけなければならないが、時間の浪費であってはならない。難しい転機の渦中にあった場合は、クライエントはこのライフ・ポートレートのことは心に留めておいて、その渦中の出来事について考える必要がある。クライエントが望むなら、もっとゆっくりと時間をかけて内省することは後でも可能である。

クライエントがアイデンティティ・ポートレートの意味をよりよく理解できるようにするために、カウンセラーは、それを、明瞭に、歯切れよく語らなければならない。カウンセラーが提示する、明快で直接的な語りによる仮のマクロナラティブは、クライエントを勇気づけて、十分に理解を深め、次に内省を促す。語りを理解する訓練をされていないクライエントにとっては、そのような明快で直接的な語りは、カウンセラーの視点による単なる解釈に

聞こえるかもしれない。とはいえ、クライエントは、そのポートレートを注意深く聴くと、その解釈の大半は、実は自分が言ったことが再構成されたものであることに気づく。

　カウンセラーは、クライエント自身が構成したものと自己解釈したものをできるだけ多く使うようにしなければならない。カウンセラーは、クライエントが用いた語句を繰り返し使い、その潜在的な意味を引き出す。特に、カウンセラーは、クライエントが幼少期の思い出につけた見出しの題名と、お気に入りのストーリーについての台本を強調して示す。カウンセラーは、そのポートレートに自分自身の解釈を付け加える必要があると感じるときは、そのことを控えめに、慎重に行う。その場合は、これは自分の憶測であり、それを受け容れるか否かはクライエント次第であると常に告げるようにする。クライエントは彼ら自身の人生の著者であり、その意味するところを語る権限を持つ唯一の著者なのであるから。

　カウンセラーは、必ず、クライエントが自分のキャリア・テーマと職業の筋書きを認識できるようにしなければならない。稀にではあるが、クライエントによっては、カウンセラーがクライエントの話から再構成したライフ・ポートレートとして認識できず、ライフ・ポートレートを共に構成することができないこともある。

　一例を挙げると、私は公開の場で志願した女性を相手に公開カウンセリングを行ったことがある。彼女は、私が再構成した自分のアイデンティティ・ナラティブを聞いた後、「私は自分のことをそんな風に思ったことはない。家に帰って、しばらく考えてみます」と言った。すぐに彼女の3人の同僚が、「いまのライフ・ポートレートは私たちが思っている彼女を正確に言い表しています。とても驚いた」と言った。同僚たちは、そのライフ・ポートレートの妥当性を証明する特定の例を示しさえした。それにもかかわらず、その志願したクライエントは、内省する時間が必要だった。幸いそのとき、カウンセリングの内容を録音していたので、彼女が望むなら、それを聞き直し、満足のいくように修正することもできたし、破棄することもできた。

ライフ・ポートレートに対するこのような見解の相違は、そのクライエントにとっての実用的な実行可能性と、観客にとっての論理的妥当性との相違を示すものである。さらに典型的な例を挙げると、あるクライエントは思ったことを明確に発言できる男性で、彼のライフ・ポートレートは、自分が最近受けた職業興味検査の結果と大きく違うと言った。

　　職業興味検査の結果は、ある種の願望充足の例であり、本当の私ではなく、自分はこうあるべきと思っている人物を映し出したものであると思う。ライフ・ポートレートで示された「私」を聞いたとき、私は「そうだ、これが私だ。これこそが本当の私なのだ！」と叫んだ。

　当然のことなのだが、ライフ・ポートレートをクライエントに語るとき、カウンセラーは、クライエントがそのポートレートの中に自分自身を見つけて、自分がどのような人であるかを自分のものとする確かな証拠を見つけるべきである。クライエントの言葉による同意でも十分であるが、それはあまり具体的ではない。キャリア構成カウンセラーは、ドライカーズ（Dreikurs,1967）が認識反射（recognition reflex）と呼ぶ、感覚的認識の具体的な身体表現を観察する方を好む。ライフ・ポートレートの中に自分自身を認識すると、クライエントは思わず微笑んだり、涙を流したり、顔を赤らめたり、笑ったりする。それらの感覚的身体表現は、クライエントがポートレートと共振している証拠である。ボディランゲージの専門家は、「身体は嘘をつかない」と言うが、まったくその通りだと思う。
　もし何らかの理由で、クライエントがキャリア・テーマを認識していることをより明確に確認したいときは、カウンセラーはその認識を深めるために1つまたは2つの技法を使うことがある。ひとつの技法は、クライエントの現在の行動、できれば5分以内の行動の中に、それがだめならキャリアストーリー・インタビューの最中に彼らが言ったりしたりことの中に、クライエントのパターンが表現されている例をクライエントと共に探し出すことである。

もうひとつの技法は、クライエントに、その前の週に自分のパターンを表現するようなことをした実例を示してくれと依頼することである。
　クライエントのライフ・ポートレートを聴き終えたら、今度はクライエント自身が、自らの権限を用いて、そのアイデンティティ・ナラティブをより深く、より重層的に、さらなる叡智で、修正し、豊かにする順番が来た。

ライフ・ポートレートを共に修正する

　ライフ・ポートレートをクライエントに語るときの最初の目標は、クライエントたちにカウンセラーによって再構成されたマクロナラティブについてじっくりと考えてもらうことである。たいていのクライエントは、人生の物語について考え、それについて内省することによって、アイデンティティ・ナラティブを編集したくなる。このように、クライエントとカウンセラーが協働して、さらに信頼性の高い真正なナラティブを共に構成することが次の活動となる。この作業に含まれるものは、誤りを正す修正、過去の葛藤と解決の説明を受け容れる調整、自尊心を高め人生に対するより楽観的な見方を支える書き換えである。
　しかしながら、マクロナラティブの修正には、クライエントのライフ・ストーリーをより正確な言葉で表現するだけでなく、それ以上のことが含まれる。さらに、クライエントも、自分のライフ・ポートレートを正確なものにすること以上をしなければならない。すなわちクライエントは、そのライフ・ポートレートを生きるにより値するものとするように、修正する必要があるのである——それが目的でクライエントはカウンセリングを求めたのだから。共に構成するプロセスは、改訂と入念さが伴うものだが、多くの場合、カウンセラーが何らかの挑発をすることによって始まる。このように発言するのは、不安定性を誘発し、ストーリーの要素を再配置する可能性を開きたいからである。

修正されたライフ・ポートレートが安定するためのプロセスは、クライエントにとって透明性があり、クライエントが意識的に協力する気持ちを呼び起こすものでなければならない。クライエントとカウンセラーは、率直な態度で協働し、選択することに直面させることを意図して、次の手を打つ。そうすることによって、クライエントは、修正されたライフパターンの中に自己を置き直すことができる。もちろんその新しい配置が役に立つものであるためには、それはさらに実行可能性があり、生命力の強いものでなければならない。

　振り返ることで、前に進む能力が得られる。ライフ・ポートレートを共に構成するのは、現在経験している混乱を、変容させ、発達させるための可能性を増大させる方向に組み入れるためである。クライエントの言語の限界は、クライエントの世界の限界である。クライエントの言葉を作り直すことによって、クライエントの世界を作り直すことができる。この作業に含まれるものは、行き詰まっていた何かを始める力を再始動させるためにいままでとは異なった意味を手に入れ、新しい可能性を開く新しい理解を吸収することである。これによって、クライエントの最も中心に位置するあらゆる資質を動員させ、前方へと進む道を地図に書き込むことが可能になる。

　そのために、多くの場合、前には気づくことのなかった動作を起こすメタファーが使われる。たとえばある女性のクライエントは、完璧を目指すという自分のライフ・ポートレートを検証した後、自分はいま「完璧の仮面を外す」覚悟ができた、と言った。どのような新しい展望が生まれても、それが生まれるところには新しい言語と、拡大した眺望が与えられて、それらによってクライエントは自分の意味体系を再組織することができる。

　再組織された意味体系によって、多くの場合、何を優先するかが明確になり、新しい目標が定まる。カウンセラーが必ずしなければいけないことは、クライエントにキャリアストーリーについての新しく伸展した展望を語らせることによって、意味の精緻化と増幅が生まれるようにすることである。そうでなければ、クライエントはいままでと同じストーリーと同じ問題を持ってカ

ウンセリングから去っていくだろう。それゆえカウンセラーは、この2回目のセッションの中ほどで、クライエントとの対話の様子に耳を澄ませて、何らかの形で新しい自己感の出現がないか、意味体系を再編成するサインが示されていないか、アイデンティティ・ナラティブの変化を強固にするものがないかを探す。このように、自己明確化が起こると、クライエントは自分自身に対しても、カウンセラーに対しても、自分の意志をさらにはっきりと表明できるようになる。

意志を表明する

　カウンセリングを進めている中間あたりで、カウンセラーの注意はクライエントの意志を明確にすることに向けられる。選択をする前に意志が存在する、というのは、意志によって選択をする目的が明確になるからである。未来への意志によって、過去と現在が結びつけられる。意志の中に埋め込まれている意味は、選択をして人生を設計するという課題にとって重要な位置を占める（Richardson et al., 2009）。クライエントは、カウンセリングに緊張を持ち込む。英語の「*tension*」——緊張を意味する——という単語の語源には、闘争という意味が含まれている。この場合、クライエントのライフ・ストーリーが行き詰まり、アイデンティティ・ワークを行わなければならなくなったときに、闘争がやってくる。カウンセリングは、この緊張（tension）を、注意（attention）に変化させて、心に留めるようにする。クライエントは自伝的意味づけを行う中で、何が自分にとって価値があるのかを語り、家族やコミュニティにとって価値がある仕事・活動の中でどのように表明するかを語る。

　カウンセリングによって、クライエントは、転機をアイデンティティ・ナラティブを修正する機会、あるいはもっと進んで、新しいストーリーラインを始める機会として捉えるように勇気づけられる。カウンセラーは、クライエントが自らの価値観と人生の目的を発見するように導くことによって、ク

ライエントの注意（attention）を自己規制する意志（intention）に転換する援助をする。この自己と個人的成長のイメージが、指標となり評価基準となる。カウンセラーは、クライエントがすでに知っていることに注意を向けて、現在以上の自分になるという恐怖を克服することができるように支援しなければならない。カウンセラーが、人生の意味と意義を語るクライエントの証人となると、クライエントは、自己の可能性についての意志を明確化し、未来のシナリオに対する期待を確固たるものにする勇気を持つ。

20世紀、職業ガイダンスは、安定した予測可能なキャリアの軌道という文脈の中で、職業を選択することとマッチングに焦点を絞った。21世紀には、被雇用者と心理的に契約を結ぶことで、一時的な雇用と不確実なキャリアの軌道をもたらした。そのため、キャリア構成カウンセラーは、絶え間なく構成し続ける自己と人生において、まず初めに意味を創り上げ、意志を現実的なものにするプロセスに集中する（Krieshok, Black and McKay, 2009; Richardson et al., 2009を参照）。続いて、次の職業上の筋立てを作成するエピソードを描くためのキャリア・テーマに集中する。

知的社会において、生涯キャリアの中で10前後の職場を移動する人々にとって、新しい職場を選択するときに重要な意味を持つのは、反復するプロセスとしての内省と修正を導く意志である。意志を示すことによって、不確実性の時代における伝記を構成することが可能となる。変転の過程で、人は自伝的意味づけに取り組むことによって、変化とリスクを乗り越えていくことができる。カウンセラーは、クライエントの意志が明確になるように支援することによって、彼らが現在なすべき選択を明確にし、意志決定する能力を高めることができる。

前にも述べたが、2回目のセッションの中間あたりで、カウンセラーは、協働的で生成的な対話を試み、クライエントの意志に焦点を合わせ始める。これが、共有する意志の言語、すなわちH・アンダーソン（Anderson, 1997）が**協調する意志**（coordinating intentionalities）と呼ぶところの共構成である。カウンセラーは、中心的ナラティブ——すなわち、キャリア・テーマと職業的筋

書き——に光を当てることを通じて、ライフ・ポートレートから生まれた意志を前方へと進める。クライエントと協働作業をして、中心的ナラティブを安定化させると、意志は明確になる。それによって、クライエントがカウンセリングに持ち込んだ職業的筋書きに埋め込まれている深遠な意味が明らかになり、深みのある反響音が聴こえてくる。中心的テーマを定着させることによって、アイデンティティ・ナラティブの構成も進み、明確なものになる。

　このアイデンティティを明確化することの重要性についての例として、2008年のアメリカ大統領選挙を思い出してほしい。専門家たちがコメントしていたように、最終的な勝者はそのキャンペーンの中で中心的ナラティブを固定させていたのに対して、相手方はそうではなかった。オバマ氏は変革のエージェントとしてのアイデンティティを明確にしていたが、マケイン氏は、保守、英雄、一匹狼、指揮官、直言居士などと、自己提示に迷っていた。マケイン氏がアイデンティティ・ナラティブをもっと明確にしていたら、有権者に自分がどういう人物であるかをもっとよく知ってもらうことができたであろう。

　カウンセラーは、クライエントに、アイデンティティ・ナラティブをまとまった文章として作成するように勧めることによって、クライエントの職業キャンペーンのための中心的ナラティブを定着させる支援をする。すなわち、クライエントがこれまで行ってきたアイデンティティ・ナラティブのプロセスを、人を説得できる宣言へと結晶化させるのである。このとき、カウンセラーは、クライエントに、そのような文章を作成することは自分の成功の公式について、あるいは自分の使命について書くことにほかならないと説明することもある。

　成功の公式を書く、多くの方法がある。多くのキャリア構成カウンセラーが好む方法は、キャリアストーリー・インタビューの中から集めた語句を、未来への意志という形にして中心的ナラティブをまとめた文章にする方法である。そのアイデンティティを語る文章は、典型的には「私は○○をするとき、幸せを感じ成功する」という一文から始まる。その文章に、そのようにする

過程とその結果という要素を入れて、さらに精緻化することもできるし、簡明に基本的な意思を表明するだけのものであってもいい。

キャリア構成カウンセラーになったばかりの人は、この成功の公式をクライエントに教える場合、クライエントのお気に入りのストーリーの中での成功公式に焦点を絞るとよい。成功の公式の草稿を書くとき、たいていの場合、クライエントがお気に入りのストーリーについて語ったときに使った語句を使用することができる。

通常、カウンセラーは、クライエントとの2回目の面談を始める前に、2つほど成功公式の草案を書いておく。その草案は、クライエントが文書を作成するのが苦手な場合に役立つ。2回目のセッションの後半あたりでカウンセラーは、クライエントにその文章（あるいは2つの文章）を提示し、成功公式として納得がいくまでそれを精緻化してみようと伝える。もちろん、前もって成功公式を準備しておかなくてもよい。その場合は、クライエントと共にライフ・ポートレートを修正した後、クライエントに、その中から語句を選びそれを使って、使命の表明としてまとめ上げようと伝える。

一例を挙げると、あるクライエントは、自分のアイデンティティ・ナラティブの中から、「問題を解決する」、「他者を支援する」、「感情を共有する」という語句を選び出した。彼女はこれらのフレーズをいくつかの代替する成功公式にまとめた。「私は、他者が問題を解決するのを支援するために自分の気持ちを使うと、成功と満足を感じる」、「私は、人々が情動的問題を解決するのを支援するとき、成功と満足を感じる」、「私は、人々が彼らの問題について気が楽になるように支援するとき、成功と満足を感じる」。最終的に彼女は、アイデンティティ表明を次のようにまとめた。「私は、他者が自らの気持ちを確かめることで問題を解決する援助ができるとき、成功と満足を感じる」。成功公式を書くための実績のある方法で練習したいというカウンセラーは、自己機能分析を基にした精神力動的な成功要因であるホールデンのモデル（Haldane, 1975）を試してみるとよい。

アイデンティティ表明を発展させる

　ライフ・ポートレートをまとめ上げて、すなわちアイデンティティの本質的な表明という形で成功公式としての意志表明を洗練させることによって、クライエントは、より確かな感覚を得て自らの目的を追求することができる。とりわけ、クライエントが「人生の目的は目的のある人生である」（Leider, 1997）と認識するとき、クライエントは使命（calling）を表明する。クライエントが変転や難しい選択に直面したときはいつでも、この意志を表明する文章によって、繰り返し自己が向かう方向性がもたらされる。また、ある具体的な何かをつかんで家に戻ることを可能にする。というのは、クライエントは、ただ職業興味検査の結果を示した用紙を持ってカウンセリングを去るのではないからである。この意志の表明を手にしたときからクライエントは、優柔不断で変わりやすい感情を、探索できる堅固な可能性に変えるという新しい選択を著述する著者となる。

　いま起ころうとしていることのすべては、たいていすでに成功公式の中に存在している。未来はその成功公式の中に埋め込まれている。クライエントのライフ・ポートレートは、今後もずっとクライエントの意志決定を支え続ける。クライエントとカウンセラーは、これから成功公式という視点を、また必要ならばライフ・ポートレート全体の視点を使って、クライエントが1回目のセッションで述べた関心事を展望する。キャリアに対する関心という視点で意志を明確化することによって、クライエントの前に機会が開かれ、これまでぼんやりとした曖昧なものとしか感じられなかった可能性が明確なものになる。

第9章
意志を行動に変える

　2回目のセッションの終わり近くになると、カウンセリングは終結に近づき、クライエントは、行動を起こす時が来たと感じるようになる。シェークスピアは、「行動は雄弁である」と述べた（Shakespeare, 1891）。ここで必要なのは、魅力的な代替案を探すことである。成功公式を形成し終えたのだから、次は意志を行動に変える番である。

　一方で、意志（intention）とは、心に目的を有して行動するということを意味する。他方で、行動（action）するとは、行動に意味を注入することである（Malrieu, 2003）。行動は過去からの意味を内在的に保持しながら、人を未来へと運ぶ。決心ではなく、行動を通じて、クライエントは世界とつながる（Krieshok et al., 2009）。目的ある行動は、キャリア課題を確実に解決するために必要な情報を探し求め、いつまでも不確実なままにしておかない。自己構成と人生設計を促進するのは、言葉による決意表明ではなく、行動することによってである。新しいシナリオを実現するために何が必要かを明確にしたクライエントは、すでに完全に理解していることを実行に移すだけでいい。しかし、そうではないクライエントは、焦点を絞りエネルギーを注入して、自己と未来にとって可能性のある選択肢を探索する必要がある。

　自己の人生を設計し構成するプロセスには、探索するという行動を欠かすことができない。情報を収集する活動を行うことで、人は自分がどのような未来を追求しようとしているのかをより明確に認識するようになる。そのような探索的行動が、自己概念を変え、キャリア・テーマの再解釈を促すこと

さえある。クライエントが、次章のライフ・ストーリーのためのシナリオを明確に決定し、キャリア・カウンセリングを終了させるためには、行動をする必要がある。体系的に探索する活動を行い、それについて内省することで、クライエントは選択することができる。この選択とは、いまやクライエントが知るところとなった自己のストーリーを生きることでもある。

探索

　2回目のセッションを締めくくるにあたって、クライエントとカウンセラーは、通常、クライエントを未来へと向けて前進させる行動計画の一覧表を作成する。クライエントとカウンセラーは協働して、クライエントが何を選ぶべきかをはっきりと見分けることができるような行動計画を作成する。そうすることによって、クライエントの決断する能力を高めることができる。もちろん、その計画は、クライエントがカウンセリングに持ち込んだ問題を直接的に解決することに焦点を当てた行動であり、通常、探索が中心となる。しかしながら、クライエントによっては、重要な身近な人を失望させるかもしれない選択を決然としてしまった場合、家族成員との話し合いをすることが中心的な行動となる場合もある。私の場合は、より常識的な計画について話し合った後で、クライエントの新しいストーリーを認めたがらない周囲の人々とどのように話し合うかについて、クライエントと検討するようにしている。

　クライエントに探索することを促すために、カウンセラーはクライエントを援助して、未来への期待に関連する行動計画を作成する。ほとんどのクライエントは、選択肢が何であるか、その見込まれる結果をどのように探索すればよいかを知らない。それゆえ、カウンセラーは、クライエントが何を選択すべきかをさらに明確化させる特定の行動を示唆すると同時に、クライエントにどのように探索するかを教えなければならない。そのために、カウン

セラーは、『*Examples of Information Sources*（情報源の実例）』（Stewart, 1969）という表題の資料を使うことが多い。それは3ページの資料で、クライエントに、情報をどのように探索し、利用すればよいかを教えるものである。1ページ目は、6つの情報探索行動――すなわち、書く、観察する、読む、聴く、訪問する、話す――について述べてある。2ページ目には、職業、あるいは専攻に関する3つの選択肢について、6つの情報探索行動をどのように実行するかについて記述するスペースが設けてある。それらの計画を実行した後、クライエントは、3ページ目に、それぞれ学んだこととそれらの情報についての感想を記入する。次のセッションは、この3ページ目について話し合うことから始めると、よいスタートが切れるはずだ。

　同じような情報を探すための探索行動をしても、クライエントによっては、その探索活動に求める結果が異なることがある。探索の目標は、一般的な情報を収集することから見込まれる結果を検証してみることまでの連続したつながりの中に存在する。スーパーの探索モデルは、その課題の連続を、結晶化（crystallization）、特定化（specification）、現実化（actualization）と呼んだ（Super, 1990）。

結晶化

　学校教育やキャリアの初期段階にある青年クライエントの場合、普通、幅広い探索を行うための計画を立てる。この幅広い探索に含まれるものは、選んだものを結晶化させるために情報を得るという目標である。幅広い探索によって、アイデンティティの表明は、通常、ある同じ職業群、同じ興味の領域で、同じ能力レベルのものに変化する。分野とレベルの選択を結晶化させることによって、自己と職業とを適合させることに集中できる。カウンセラーは、クライエントの職業興味を分類し、特定することによって、職業（あるいは専攻する学問分野）を一覧表にして書き出す。それらの職業興味分野リストの中で、個人的な意味がどのように実現されるかについて話し合い、そ

れらの興味が、適合する職業の中でどのように表現されるかを説明する。さまざまな職業がどのようにクライエントの目標追求と成功の公式の実現につながるのかを話し合うとき、カウンセラーはできるだけ具体的に、クライエントの人生経験の中からの実例を示すようにしなければならない。

　探索する専攻学問分野や職業のリストづくりを手伝う必要が出てきた場合、時によっては『*The Occupations Finder*（職業探索）』（Holland, 1990）や『*The College Majors Finder*（大学の専攻探索）』（Rosen, Holmberg and Holland, 1987）が役に立つ。それらによって、たいていの場合、クライエントのキャリア・テーマに合った職業コードと、そのコードの同心円状の内側にある適合職業群を特定することができる。実際にそのリストについてクライエントと話し合うことになった場合、カウンセラーは、クライエントに上記の小冊子を持たせるようにする。いずれにしろクライエントは、この段階で探索すべき適合する職業群リストを結晶化していることになる。

特定化

　より多くの人生経験を持つクライエントの場合、探索のための計画は、深みを必要とする。そのようなクライエントは、多くの場合、カウンセラーと面談するずっと以前に、自分たちの選択をすでに結晶化させ、選択肢の幅が狭まっている。このたぐいの人たちが探索する課題は、一般的に、自己を可能性のある職業に適合させること以上を含む。そこには、アイデンティティ構成のプロセスが含まれる。なぜなら、ある特定の選択をするとき、人は周囲の人々に対してその選択を表明しているからである。職業選択を表明するということは、自己をまさに公に提示することを意味する。それは、自分は誰であるかを示し、何になりたいかを告げることにほかならない。

　いくつかの選択肢をさらに深く探索し、決断を行う前に再確認をするのは、クライエントがより詳細な情報を必要とするからである。時には、必要な情報がきわめて特定されていると、いくつかの単純な行動を起こす必要性が出

てくる。ある場合には、情報を得るためにさらに多くの行動を必要とする場合もある。しかも、そのような行動は、たいていかなり焦点を絞ったものとなる。

　たとえば、あるクライエントは大学院修士課程を修了して高校の教師になっていたが、博士号を取得するために大学に戻ることを希望した。教育学の博士号という選択まで結晶化できていたが、彼女はどの専門研究科を学べばよいか迷っていた。彼女はカウンセリングと心理学を考えていた。すぐに彼女が、子どもはいかにして学ぶかを理解することに興味があることが明らかになった。彼女はほとんど苦労せずに、学校心理学と教育心理学という選択肢に絞ることができた。彼女は、それらを比較し選択するために、それぞれについてもっと多く知る必要が出てきた。そこで、彼女はそれぞれの専門分野についてインターネットで調べ、多くの文献を読み、それぞれの分野を教えている教授を訪ね、それぞれの学会誌を読んだ。これらの行動での発見をカウンセラーと話し合うために戻って来たとき、彼女はすでに教育心理学を博士課程で学ぶことに決めていた。

現実化

　職業を決めたクライエントが、現在、どの会社で働くかを決める、あるいはその会社の中でのポジションを探す場合は、探索行動としてそのポジションを試してみると、選択を現実的なものにすることができる。選択を現実化するとは、職探しと職務の試行からなる。クライエントは、言葉のやりとりで選択した職業を、実際に獲得して現実的な選択に変える必要がある。試行には、インターンシップ制度での雇用、永久雇用の可能性を含むパートタイム社員、あるいは研修社員になるなどの方法がある。

　先ほどの、教育学部で博士課程を専攻することを決めたクライエントは、特定の選択を具体化するために、3つの州の5つの大学から入学手続きのための資料を取り寄せた。その後、彼女は、受け入れるという回答のあった4つの

大学をより深く調べて、そのうちの1校に入ることに決め、自分の選択を現実のものとした。

決断し実行する

　必要な場合は、さらにもう1回セッションを行う。そこでは主に、探索の結果を見直し、仮の決定を下す。行動を起こし、情報を収集したことによって、クライエントは考えていたことがかなり精緻化されている。クライエントは、新しく見出された特色と、期待外れな点について話し合う必要が生じる。クライエントとカウンセラーは、共にクライエントのさまざまな選択肢を検討し、クライエントにとっての機会を明確にして、どのように未来が開ける可能性があるかを評価する。クライエントによっては、自らが描く台本が支えきれないほどの非現実的な選択の方へと気持ちが傾く人もいる。さまざまな選択肢を現実的に検討するために、クライエントとカウンセラーは、それぞれの選択肢がどのような結果を生じるかを詳しく調べる必要がある。

　クライエントが選択を1つに絞ることができたら、その選択を具体化するための行動リストを作成し、そのリストを実現するために週ごとの行動、中期のプロジェクト、長期的な目標を決めて、その選択を入念に検討すると大きな援助となる。

　クライエントは、自分たちが見出した新しい意味を行動に移さなければならない。しかし、かなりの数のクライエントにとって、問題は、決断することではなく、実行に移すことにある。クライエントは、社会の中で新しいストーリーを生きる勇気を持たなければならない。選択することはできたが、その選択を具体化する勇気を持てないクライエントに対しては、カウンセラーは、選択に向けたクライエントの態度と、行動を阻害しそうな障害に注目する。行動が阻害されているのは、概して、規範という抑制が作用しているからである。選択実行を可能にする態度、信条、能力については、キャリア構

成理論の適応モデルによって明確に示されている。

　キャリア適応能力の4つの次元は、それぞれ**関心**（concern）、**統制**（control）、**好奇心**（curiosity）、**自信**（confidence）の「4つのC」と名付けられている。どの次元であれ、欠陥がある場合は、選択を具体化する際に顕著な困難を生じる。それらの欠陥のアセスメントや治癒するための方法については、「*The theory and practice of career construction*（キャリア構成の理論と実践）」（Savickas, 2005）で論じた。

　キャリア決定の障害になるものについて考えるとき、カウンセラーは、行動を阻害する可能性のある、感情、環境、関係性に注目する。この文脈において感情は、転機によって生じたと考えることができる（Kelly, 1955）。というのも、感情は、古いストーリーから新しいストーリーへ移行するという経験を表現するからである。動きを停滞させる感情として最も多いのは、不安である。クライエントが不安に感じるのは、物事は変化しているが、何が予想でき、物事がどのようによくなっていくかがまだわからないときである。古いストーリーから離れるのに困難を感じて、悲しい気持ちになるクライエントもいる。また、転職に伴ういろいろな要素をコントロールできないことに怒りを感じるクライエントもいる。さらには無力感を感じて、転職する責任を誰か他の人に取らせて、カウンセラーに頼ろうとするクライエントもいる。情動によって行動することが阻害される場合は、カウンセラーはクライエント中心技法を使い、感情を探索し、意味を決定し、見込まれる結果を詳細に検討し、選択の具体化に向けた第一歩を細かく決める。

　感情ではなく現実的な理由によって単純な行動が阻害されているクライエントもいる。その場合、カウンセラーは、クライエント中心技法ではなく、解決技法に焦点を合わせたがる。ここで扱う社会構成主義療法（social constructionist therapy）は、クライエントが困難な状況でも選択した行動を取れるように支援することに集中する（de Shazer, 1988）。解決法に焦点を合わせた効果的な技法のひとつが、「実行する（doing）」際に困難があったが、すでにできている例外を見つけるという方法である。いつ、どこで、誰と一緒

に、どのような種類の行動がすでにできていたかを検証する。カウンセラーは、その動きがわずかな増大であれ、大きな変化であれ、障害を突き破る動きとして注目する。そして、クライエントとカウンセラーは、一緒に、行動が実行可能に見える場合はどこが違うのかについて話し合う。それらの小さな成功に気づかせ、クライエントを励まし、その成功した行動を反復させるようにして、カウンセラーはクライエントが望む職を確保するように支援する。

　2つ目の、解決法に焦点を合わせた技法は、「奇跡の質問」（Metcalf, 2005）という技法である。カウンセラーはクライエントに、問題が解決してしまった未来を思い描くように言い、次にその未来の位置から振り返り、どのように問題が解決してしまったのかを説明するように尋ねる。そのとき、カウンセラーは、クライエントに、次の特別な質問を投げかける。「明日の朝起きて、問題がすべて解決しているとしたら、何が違うのでしょうか？」。それから、カウンセラーはクライエントに、「何が違いますか？　あなたはいま何をしていますか？」と質問し、その未来の時点で、何をしているだろうかを想像させる。クライエントの説明から、問題が解決したことをどのように思い描いているかが判明し、たいていの場合、目標設定を行う基礎が提供される。

　内的感情による障害でもなければ、外的な障害でもない場合は、カウンセラーは人間関係に問題があると考えて、クライエントが周囲の人々の前でどのように新しいストーリーを実行に移しているかを調べる。カウンセラーが、常に希望するのは、クライエントにとって重要な他者がクライエントのキャリア選択を妥当だと承認することである。しかしながら、クライエントが自分の選択を実行に移せないのは、障害が家族関係の中にあるためなのかどうかを知らなければならない。そのため、カウンセラーは、周囲の人々が新しいストーリーを受け容れられるかどうかクライエントに問う。カウンセラーは、周囲の人々がクライエントの選択と変化をサポートしているのかどうかを知りたい。**サポートする**とは、妥当な意見であると認めてもらうことで、その選択が承認されることとは異なる。クライエントは独立し、自主的であるために、家族のサポートが必要なのである。クライエントの周囲の人々が変

化を妥当なものだと認めていないとき、カウンセラーは、クライエントの自信と自己効力感を形成するために、勇気づけ技法（encouragement techniques）(Dinkmeyer and Dreikurs, 1963）と自己主張訓練（assertiveness training）を使う。

障害が、感情でも環境でも関係性でもない場合、カウンセラーは選択そのものが問題である可能性を考える。もしかするとクライエントは気が変わり、それを具体化することに対して直感的に抵抗しているのかもしれない。その場合クライエントとカウンセラーは、以前捨ててしまった選択肢をもう一度呼び出し、探索する。

ここで概略を示したステップは、キャリア構成カウンセリングの枠組みを形づくるものではあるが、経験を積んだカウンセラーは、カウンセリングの対話を、クライエントがそのときに必要としているものに合わせて調整する。ここでの重要なポイントは、カウンセリングの課題は、常に、クライエントが何を必要としており、それをどのように手に入れるかに焦点を合わせるということである（Neimeyer, 2004a）。究極の目標は、クライエントにとって意味があり、彼らのコミュニティにとって意義のある職業を選択し、それに就くことができるようクライエントを勇気づけることである。クライエントは、より充実した人生を歩むための行動を取り、自身のライフ・ストーリーにおける主役を務めることができるように、十分に準備していなければならない。

締めくくる

ある時点で、職業的筋書きの新しい場面が始まり、クライエントは自己と世界の関係性が変化したと感じる。カウンセリングを締めくくるにあたって、カウンセラーとクライエントは、共に達成できたことを確認する。二人は大きな声で、「私はどうすればお役に立てますか？」という冒頭質問に対するクライエントの答えを読み上げる。その後、クライエントに、その目標が達成できたかどうかを問う。こうすることによってクライエントは、自分がカウ

ンセリングの過程と締めくくりをリードしてきたという自信を深める。カウンセラーは、たいていここで、いくつかのまとまった要約で締めくくる。それらは、新しいストーリーを集約して、ここで起きたことを要約し、そしてそれが、クライエントがカウンセリングを訪ねた理由とどのような関係があったかを伝える内容である。

　カウンセリングの成果をクライエントと一緒に確認するとき、以前に述べた**緊張**、**注意**、**意志**、**伸展**という言葉の語源を使うと、説明のためのしっかりした構造を作ることができる。クライエントはある種の緊張（tension）を持ってカウンセラーを訪ねた。クライエントとカウンセラーは、キャリアストーリー・インタビューの過程で、その緊張に注意を注いだ（attention）。その後、二人はライフ・ポートレートを作成し、意志を明確なものにし、その意志を、緊張を解消するための目的の定まった行動へと伸展（extention）させた。

　カウンセラーもこのカウンセリングがどのように進行したかを総括するが、その場合コルブの経験的学習の4段階モデル（Kolb, 1984）を適用するとよい。カウンセリングは、クライエントに「具体的な経験」を語らせることによって始まった。次に、その経験についての「内省的観察」が行われた。そしてその内省は、ライフ・ポートレートの中で、「抽象的概念化」された。最後に、選択と変化を伴う「試行実験」が行われた。もちろん、クライエントが現実世界の中で自分の意志を具体化させ、新しい具体的な経験を積んで、この経験学習のサイクルが再び始まる。そこでクライエントは、内省し、概念化し、試行する。

実践例

　キャリアストーリー・インタビュー、アセスメントの手順、カウンセリングの流れを具体的に見ていくために、実践例を1つ紹介する。以下のインタ

ビューの概要を読み、その先を読む前に、できたらあなた自身で、クライエントの自己、環境、ストーリー、戦略を評価し、次にそれをクライエントがカウンセリングを訪れた理由と関係づけてみてほしい。

レイモンドは生物学を専攻している19歳の学部学生である。「カウンセリングは、どうすればあなたのお役に立てますか？」という冒頭の質問に対して、彼は、「理系棟に入るといつも憂鬱な気分になるのですが、それがなぜか知りたいのです」と答えた。彼の説明によると、彼の成績は平均4.0で、生物学の教授陣は彼のことを、最も才能豊かな学生と認めていた。

キャリアストーリー・インタビュー

彼が最初に挙げた役割モデルは、リンカーン大統領であった。理由は、「彼は遊説では劣勢であったが、決してあきらめなかった」、「立ち上がり、演説を行った」、「演説原稿を自ら書いた」であった。2番目の役割モデルは、トーマス・エジソンであった。理由は、彼は「想像力に富んでおり」、「実践的で」、「みんなに何をすべきかを語った」からであった。彼の第3のヒーローは、ウォルト・ディズニーであった。理由は、「彼は想像力に富んだことを思いつき、それを作品として創造したから」であった。レイモンドのお気に入りの雑誌は『タイム』で、映画評論と政治のページには必ず目を通した。またジャズの雑誌『Jazziz』を定期購読し、ジャズとその音楽家に興味を持っていた。お気に入りのテレビ番組は、『スター・トレック』シリーズで、理由は「想像性に富んでいるから」であった。お気に入りのストーリーは、小説『ワインズバーグ・オハイオ』[*1](Anderson, 1919)で、レイモンドの要約によると、「新聞社で働き、作家になりたいと考えている少年について」の話ということだった。彼のお気に入りの格言は、「吟味されない人生は生きるに値しない」であった。幼少期の思い出について、彼は次のように語った。

---

*1　アンダソン（著）小島信夫・浜本武雄（訳）(1997)『ワインズバーグ・オハイオ』講談社．

僕がまだ小さかった頃、真夜中にトイレに行きたくなって起きた。母親がベッドのそばにやってきて、僕をトイレに連れていってくれた。暗かったので、母親は僕を便器に後ろ向きに座らせたことに気づかなかった。僕はそのことを伝えようとしたが、母親は聞こうとしなかった。

この幼少期の思い出から、私たちは3つの見出しを作り出した。「少年は間違った方向に行かされた」、「母親は少年の言うことを聞こうとしなかった」、「少年は後ろ向きになっている」。

アセスメント

　この実際のケースでは、自分の言葉に耳を傾けてほしいと思っている少年の自叙伝を手にしている。カウンセラーは、彼の幼少期の思い出を検討することからアセスメントを始めることができるだろう。レイモンドは、真夜中にトイレに行かなければならなかった。母親は彼を便器に後ろ向きに座らせ、彼が何か変だと言っているにもかかわらず、彼の言うことを聞こうとしなかった。見出しは、彼の長年の捉われと現在の問題の両方を凝縮している。母親は、少年を間違った方向に行かせているにもかかわらず、彼の言うことを聞こうとせず、少年は後ろ向きに座っている。以上のことからすぐに、その学生が専攻したいと思っているのは生物学ではないということ、しかし彼の母親は彼が医学部進学課程に行き、医学部に入るように強要していたことがわかった。彼はいま「真夜中」にいて、彼の役割モデルのいる前方向ではなく、両親という案内人のいる後方向を向いているため、憂鬱な気分になっている。彼は、どうしたら母親に自分の目指す職業について意見を聞いてもらえるだろうかと悩んでいる最中であった。

　幼少期の思い出と役割モデルとのつながりを考えると、彼がこれまで、人に意見を聞いてもらえる人になるように自己形成してきたことが示されてい

る。3人の役割モデルについて語るときに、彼が何度も使った言葉を考えると、彼が、想像力に富んだ政治的な演説原稿を書くことによって、自分の意見を人に聞いてもらえる人物になるように自己設計してきたと想像できる。また、彼が専攻を変えない理由が、彼の選んだ格言「あきらめない」ことと何か関係があるかもしれないと考える人もいるだろう。リンカーン大統領について彼が最初に述べた最も重要なコメントは、あきらめないということだった。彼は自分自身のことを、あきらめることなく困難——彼のヒーローであるリンカーン大統領と同じくうつ状態に落ち込むという困難——に立ち向かう人として見ているのかもしれない。すぐにわれわれは、この問題に対して彼の台本がどのように対処するかを知ることになるだろう。

　レイモンドは、政治的で想像力豊かな環境を好んでいる。彼は政治と映画評論について読むのが好きで、テレビ番組『スター・トレック』を見るのも好きだ。これらのことから、職業情報の小冊子を用いて話し合う必要はなさそうである。とはいえ、実践のためにあえて言うなら、このクライエントのお気に入りの環境は、ホランド理論のRIASEC（Holland, 1997）の中の、企業家的および芸術的分野に当てはまるようだ。カウンセラーは、『*The Occupations Finder*』から企業家的および芸術的な職業をいくつか選び出すことができる。たとえば、コラムニスト、コメンテーター、著作家、批評家、編集者、コピーライター、クリエイティブ・ディレクター、論説委員、法律家、政治家、俳優、テクニカル・ライター、芸能マネージャー、アドバイザー、コンサルタントなどがある。彼の自己概念とお気に入りの仕事環境との間には、高い適合性があるように思われる。ここでもう一度確認しておくと、科学的および学究的環境には彼は興味がないようだ。このように、彼の自己概念とお気に入りの環境は、理系棟における生物学専攻学生としての生活とは相容れないものである。

　レイモンドの望む台本は、新聞、雑誌、あるいは政治的キャンペーンのための文章を書くことである。彼は生物学から離れ、ジャーナリズムまたは政治学の分野に入りたいと思っている。この台本から、どのようにして適合し

た環境で自己概念を具体化していくかということは、あまり深く考えないでも理解することができる。これは非常に明瞭なことなので、どうしてレイモンドは自分でそれに気づかないのだろうかと不思議に思う人がいるかもしれない。理由はおそらく、彼が人生のガイドである彼の母親の方を向いている、すなわち後ろの方を向いているからであろう。

　レイモンドが自分自身に与えた助言は、自分の人生を吟味せよ、ということであった。そこでカウンセラーはすぐに、彼がなぜ自分自身は新聞や政治的キャンペーンのために文章を書きたいのだということを認めたがらないのかを理解することができる。クライエントは、後ろの方ばかりを見て、それについて考えることを避けているのである。

　レイモンドがカウンセリングを求めてきた理由はもう明らかである。彼は、本当は、これまでの人生を真剣に吟味し直し、次の行動を明確に定めたいと思っているのだ。抑うつ状態が彼の心を占領しているので、吟味する余裕がないのである。カウンセラーは、何度も繰り返しレイモンドに、いまこそ自分の人生を吟味しなければならない時だと告げる。それこそがいま彼に与えることができる最上の助言である。彼のストーリーはとても明快で、一貫しており、継続性があり、信頼でき、そつがないので、そのような吟味は必ず彼の問題を解決するであろう。

　カウンセラーは、いま、彼が建物に入ると憂鬱になる理由を理解しているので、レイモンドの要請に応える準備がすっかり出来上がっている。クライエントは、理系の建物と不適応を起こしている。母親は彼をその場所に置くことによって、彼を間違った方向に向かせている。彼は方向を変えたがっているが、これまでに彼がすることができた精一杯のことは、せいぜい憂鬱を使ってこれまでの動きを止めることだけだった。カウンセラーは、このように理解したことを再構成し、それをレイモンドに考えてもらうために次のようなライフ・ポートレートとしてまとめた。

　　　君はどうすれば自分の主張を人に聞いてもらえるようになるかを知りたい

と思っている。どの方向に行くべきかについての自分の主張を人に聞いてもらうことができるようになるために、君は書いたり話したりする技術を磨きたいと思っている。理系の建物に入ると憂鬱になるのは、その建物は価値がなくやりがいもなく、書いたり話したりすることが好きな想像力豊かな若者に心地よい刺激とならないからだ。君が医師を目指す間違った方向に行っているのは、母親の願望を尊重しているからであろう。彼女に自分の夢を聞いてもらうのは、君にとっては難しいことで、それが事態を長引かせている。君は生物学や医学部進学課程ではなく、ジャーナリズム、英語学、スピーチ、法学課程、政治科学を専攻したいと思っている。さらに君は、スピーチライターや新聞の論説委員になるという夢さえも持っている。

　君はいまこそ人生を吟味するときであること、しかし結論が出たなら、これまでとは違う行動を起こさなければならないということも知っている。この「しかし」が、憂鬱な気分に浸っていたい気持ちにさせているのだ。ちょうど真夜中に起きてトイレに行きたくなったが、行けなかったときのように。専攻を変えるのは難しいことだろう。というのも、そうすれば君は自分のことを意気地なしとして卑下するだろうし、母親を落胆させることになるからだ。理系の建物に入るたびに憂鬱な気分になるのは少しも不思議なことではない。君は自分の人生を吟味し方向を変える前に、時間稼ぎをしているんだ。

　このライフ・ポートレートを読み終え、内省した後、レイモンドは以下のような自分のためのアイデンティティ表明を書いた。「僕は演説原稿や記事を書くことを通じて人を納得させることができたとき、幸せと成功を感じる」。レイモンドはカウンセリングを通じて自分の人生を吟味する中で、自分は理系科学をやりたいのではなく、ものを書きたいのだということをすぐに自覚した。彼はサイエンス・ライターになることもできたかもしれないが、それ以上に政治や娯楽について書くことに興味があった。では、いったい何が、彼の専攻を変えるのを押しとどめているのだろうか。

　ここで、ケリーの「転機を構成する感情（idea of feelings as constructs of

transition)」（Kelly, 1955）という考え方を思い出してほしい。レイモンドは、母親の落胆と激怒を恐れていた。レイモンドはその後、自分と父親が、母親と対決するリスクを冒すよりも、言う通りにしていた方が楽だと感じていたと告白した。息子が医者になるのが彼女の夢で、彼女はそのために授業料を払っていた。

3回の短いセッションを自己主張訓練と予行演習に費やした後、レイモンドは勇気を振り絞って、母親に自分の人生を180度転回したいと告げた。驚いたことに母親は、彼が別の権威ある分野に行くことを条件に、快くそれを受け容れた。カウンセラーは、カウンセリングは成功したと考えた。

しかしこれで終わりではなかった。筋書きはもう少し複雑だった。母親の支持にもかかわらず、レイモンドはその動きを具体化することができなかった。決心することではなく、実行することに困難が残っていた。困難は、彼が、専攻を変えることはあきらめることだとみなし、罪の意識を感じていたことであった。ここでもケリーの罪の感情の説明がレイモンドに当てはまる。彼は、専攻を変えることは自己概念の核心に対する侵害だと考えていた。彼は自分の人生台本の方向を変えることにためらいがあった。なぜならそれによって、自分が意気地のない人間になると考えたからであった。

カウンセリングの過程でレイモンドは、専攻をすぐに変えることは弱さを認めることだと考えるのは、自分の独りよがりの論理であることに気づいた。しかしその認識だけでは、彼を行動に動かすには不十分であった。彼に変化を起こさせるように勇気づけるためには、あと数回のセッションが必要であった。その中でも特に効果があったのは、彼が、専攻を変えることは意気地なしだという考えから、専攻を変えないことは自分の情熱をあきらめることを意味するという考えに変わったことであった。このように意味を組み替えることによって、彼は自由になり、自信と情熱を持って前へ進むことができるようになった。それから数年が過ぎた頃、カウンセラーはレイモンドがジャーナリズム学部を卒業し、ロースクールを修了し、ある有名な政治家のためのスピーチライターになったことを知った。

私の別の本では、キャリア構成カウンセリングの実践例として、ほかにもエレーヌのケースを紹介している（Savickas, 2005）。また、カウンセリングの実際の過程を撮影したDVDもある（Savickas, 2006, 2009）。

結論

キャリア・カウンセラーは、クライエントが、自らの最も深い生命力の感覚を感じられる変容的学習の過程を経験してカウンセリングを終了することを望む。そうすればクライエントは、より包括的で、一貫性があり、継続性のあるアイデンティティ・ナラティブを語ることができるようになる。自伝的な主体と意志の成熟によって浮上したクライエントは、現実社会の中で行動する準備ができており、これから発生する新しい疑問を処理する準備もできている。彼らはいまや力を得て、自分自身のライフ・ストーリーの新たな章、すなわち意味のあるキャリア・テーマを持って職業的筋書きを伸展させるナラティブを書き始める。カウンセリングの最後の瞬間、カウンセラーはクライエントに、自分自身について最も真実であると心を打つストーリーを生きてチャンスをつかみ取るようにと励まし、さよならを言う。カウンセラーは、そのとき、クライエント自身の言葉が彼らの人生を前進させると確信して、クライエントのお気に入りの格言を何度も繰り返しつぶやく。

附録
キャリアストーリー・インタビュー・フォーム

A. <u>あなたがキャリアを構成していくうえで、私はどのようなお役に立てるでしょうか？</u>

1. あなたは、子どもの頃成長する過程でどのような人に憧れ、尊敬していましたか？　その人について話してください。

2. 定期的に読んでいる雑誌や、定期的に見ているテレビ番組はありますか？　それは何ですか？　その雑誌や番組のどんなところが好きですか？

3. あなたの好きな本、または映画は何ですか？ そのストーリーを話してください。

4. あなたの好きな格言や、指針となる言葉（モットー）を話してください。

5. あなたの幼少期の最初の思い出は何ですか？
3歳から6歳頃に、あるいは思い出せるかぎり早い時期に、あなたに起きた出来事に関する3つの物語を話してください。

用語集

アイデンティティ・ナラティブ（identity narrative）
　→ナラティブ・アイデンティティ

アイデンティティ・ワーク（identity work）　一貫性と独自性の感覚として産出された構成を形成し、修復し、維持し、強化し、修正する解釈的活動（Sveningsson and Alvesson, 2003）。

影響（influences）　内在化の一形態で、取り入れられた両親からの指針が、知覚できるように心の中に全体として取り込まれ、蓄えられる。　→同一化

記憶（memoir）　ある特別な出来事を多かれ少なかれ客観的に説明する小さなストーリー（Weintraub, 1975）。　→自叙伝

キャラクター・アーク（character arc）　ある本質的な心の問題について、人がどこから出発し、いまどこにいて、どこまで行き着きたいかを描き出すテーマの局面。それは、人生で失っている何か、必要としている何かに向けて人を動かす推進力を説明する。

キャリア・カウンセリング（career counseling）　1つの職業を選択し、適応するための導入としての自己分析を促進させる心理学的方法を用いたキャリア介入。クライエントとカウンセラー間の関係性が求められるため、通常は個人に対して提供される。　→キャリア教育、職業ガイダンス

キャリア教育（career education）　個人や集団を、職業的発達上の差し迫った課題やその対処法に向けて指導する教育学的方法を用いたキャリア介入。このサービスは、ワークブックやコンピュータ・アシステッド・ガイダンス・プログラムなどの自分で進められる形式で提供される場合もある。
　→キャリア・カウンセリング、職業ガイダンス

興味（interest）　個人の欲求と、その欲求を充足させて目標物を手に入れるた

めの社会的機会との間に生ずる心理社会的な緊張状態。

自叙伝（**autobiography**）　過去の経験に対し、現在の意味づけをした生活史（Weintraub, 1975）。→記憶

自伝的語り（**biographicity**）　個人が、新しく、時に困惑するさまざまな経験を、自分の伝記の中に体系化し統合するために用いられる自己言及プロセス。

筋書き（**plot**）　一連の出来事を、始まり、中間、終わりからなる首尾一貫した全体へと構成する説明と結末。終わりまたは結末はナラティブの終幕をもたらす。しかし、それは年代記やストーリーにはない。

筋立て（**emplotment**）　多様な出来事や異なるエピソードを、各部分に意味を与える1つの全体像へと配置すること。

ストーリー（**story**）　いろいろな出来事を、1つの連続へと体系化したもの。

職業ガイダンス（**vocational guidance**）　人を適したポジションにマッチングするために目録と情報を使って行われるキャリア介入。このサービスは個人に提供されることもあれば、集団に提供されることもあり、またコンピュータ・アシステッド・ガイダンス・プログラムやワークブックなど、自分で進められる形式で提供される場合もある。
　→キャリア・カウンセリング、キャリア教育

テーマ（**theme**）　反復される中心的な考えによって織られたパターン。筋書きの事実を理解するために用いられる、最初の意味を与える単位を提供する。

同一化（**identification**）　内在化の一形態で、ロールモデルの特徴が取り入れられ、概念として心の中に蓄えられること。

ナラティブ・アイデンティティ（**narrative identity**）　「内面化され進化するライフ・ストーリーのことで、青年期後半に発達し始め、人生に意味と目的を付与する」（McAdams and Olson, 2010）。

年代記（**chronicle**）　一連の出来事をただ時間順に並べたもので、物語としての終幕を持たない。

マイクロナラティブ（micronarrative）　重要な出来事、重要な人物、自らを定義した時、人生を変えた体験についての小さな物語。

マクロナラティブ（macronarrative）　いくつもの短い、あるいは小さなストーリーを、人生についての大きなストーリーに統合する自伝的アイデンティティ・ナラティブ。それは「われわれの自己理解を強固にし、情動と目標の特有の領域を確立し、社会的世界という舞台でのパフォーマンスを導く」（Neimeyer, 2004b）。

ライフ・テーマ（life theme）　「人が最優先で解決したい問題・一連の問題や人が解決を遂げるために見出す手段」（Csikszentmihalyi and Beattie, 1979）。

ライフ・ポートレート（life portrait）　クライエントの捉われ、自己概念、お気に入りの場、支配的な台本、自己への助言を、職業上の筋書きやキャリア・テーマ、キャラクター・アークの1つの描写へと体系化するマクロナラティブ。

監訳者あとがき

著者について

　本書の著者マーク・サビカス博士は、ノースイースト・オハイオ医科大学、家族・コミュニティ学専攻の教授である。1977年の大学創立時に、カウンセリング教育を行う学科の創設を依頼され、以来、主として医学生のキャリア支援を中心にキャリア・カウンセリングの教育、実践、研究を行っている。

　博士は、北米におけるキャリア・カウンセリング界の傑出した人物のひとりで、1994年にアメリカ心理学会のカウンセリング心理学部会から「パーソナリティおよびキャリア研究における優秀な業績（Outstanding Achievement in Personality and Career Research）」に対して贈られるJohn L. Holland賞を、1996年に全米キャリア発達学会（NCDA）から「優れたキャリア賞（Eminent Career Award）」、2006年に職業心理学会（Society for Vocational Psychology）から「優秀業績賞」、そして2011年には、アメリカ心理学会第17部会のカウンセリング心理学部会よりLeona Tyler賞[*1]（Leona Tyler記念カウンセリング心理学における業績賞）を受賞している。また、ポルトガルのリスボン大学と南アフリカのプレトリア大学から名誉博士号を授与された。

　長年の研究成果の蓄積から生み出されたサビカスの理論は、「キャリア構成理論」「ライフデザイン・アプローチ」などと呼ばれて数多くの論文が発表されており、21世紀のカウンセリング界をリードする考え方として注目され続けている。

　サビカスの個人的キャリアを博士のナラティブに従って紹介すると、幼い[*2]

[*1] Savickas, M.L. (2012). The 2012 Leona Tyler Award Address: Constructing Careers – Actors, Agents, and Authors, *The Counseling Psychologist*, XX(X), 1-15.

[*2] Collin, A. (2001). An Interview with Mark Savickas: Themes in an Eminent Career, *British Journal of Guidance & Counseling*, 29:1, 121-136.

ころから父の働く姿を見、また父の仕事を手伝うなどして「働くこと」に関心が高く、仕事の世界を心理学、社会学、経済学、神学などの視点で追求したかったという。多方向から仕事を学ぶことができる大学はなく、異なった専門家から仕事について学ぶしかなかったため、スクールカウンセラーになる予定で修士課程へ進学した。ところが、大学のカウンセリングセンターでのインターン実習の初日に出会った学生が彼の進路に大きな転機をもたらすことになる。その学生は専攻を決めるためのキャリア相談にきたのだったが、サビカスはその分野にはまったく不案内で、すぐさま vocational counseling のコースを聴講した。そこで出会ったクライツの *Vocational Psychology*（Crites, 1969）が彼のその後の生涯の決め手となった。著書の中でクライツは、仕事が心理学のテーマとして研究できること、職務選択の内容とキャリア決断のプロセスは異なることを語っていた。専攻を変えて博士課程へ進学したが、アドバイザーのサルツマン教授はサビカスの研究は1つの大学ではできないと判断、各学期、他の大学院で研究を続けることを提案した。博士課程のトレーニングプログラムを自分でデザインするという幸運に恵まれたのである。

　サビカスは、コロンビア大学の教育学部のドナルド・スーパー、メリーランド大学のジョン・クライツ、そしてジョン・ホランドの下で博士課程の研究を進めることになった。クライツはサビカスにとって科学者－実践家モデルとなった最初の師であり、実際、問題への科学的な態度をクライツから、発達的視点の重要性をスーパーから、そして「もし実践的な適用ができない科学をやっているのであれば、それは時間の無駄だ」ということをホランドから学んだと語っている。彼の博士論文はスーパーとホランドの協働支援によって完成したという。

　この偉大な3人の氏名と業績を知っているキャリア・カウンセラーは、それがいかに幸運で稀有なチャンスであったかを理解できるだろう。また、本書を読み進むと、サビカスは3人の師の薫陶を受け継ぎ、カウンセリングの実践だけでなく、大学の教育プログラムの中で、さらに学科や専攻の編成にまで活用していることがわかる。

訳語について

　欧米で育った理論を翻訳すると、日本語にはない用語や概念に出会う。本書における訳語については、翻訳者の乙須氏と監訳者で議論し、以下のような訳に落ち着いた。主要な用語について簡単に解説しておきたい。

　まずcareerを、本書では「キャリア」と仮名書きにして、仕事や職業と同義語ではないことを示した。日本語で職業と理解されがちなcareerは、「生涯にわたって仕事や職業に関わる個人の生き方」とか、「個人が生涯を通して働くことに関わるプロセス」といった意味である。また、仕事や職業を意味する英語はvocation、profession、occupation、work、jobがあるが、すべての日本語訳はない。語源から示唆される意味を勘案して訳語を当てた。

　Constructionは、日本語では構築と構成の訳語が使われてきた。近年、social constructionismが「社会構成主義」の訳で広く通用するようになり、さらにナラティブの中心概念として重視されるようになったので、construction、constructは、動詞として「構築する」という訳語を用いた方が理解しやすい場合を除いて「構成」とすることにした。

　ナラティブ・アプローチの用語narrativeとstoryは、いずれも「物語」と訳されることがある。本書ではナラティブ、ストーリーと仮名書きにした。ナラティブは「物語り」あるいは「物語る行為」を、ストーリーは「物語られること」を意味している。

　Preoccupationとoccupationについて一言。サビカスは、occupation（自分がoccupy＝専念する仕事）に到達するためには、preoccupation（以前から「心を占めていること」「先入見」など）が重要な役割を果たすので、そのアセスメントが重要と考えている。サビカスの意図する英語の語呂合わせはできなかったが、本書では、preoccupationを「捉われ」と訳した。気になっていること、捉われてきたことが語られ、意味が理解できると、新たな人生のストーリーが構成され、具体的な仕事とキャリア形成につながる。

　原著のpractitioner（実践家）を、翻訳ではすべて「カウンセラー」とした。Practitionerは、キャリア支援をしている実践家を広く網羅する英語であるが、

キャリアの支援者として「カウンセラー」が馴染みやすいと考えた。

本書の今後の展開

　アメリカ心理学会のシリーズでは、各理論の内容の理解と講義への活用などを補完するために実践録画のDVDが作成されている。DVDとキャリア・カウンセリングに活用するワークシートの翻訳権を得た際、サビカス博士から、ナラティブ・アプローチの社会的・文化的背景を重視して、日本という文化、文脈にふさわしいナラティブによるDVDの製作を勧められている。博士とのコラボレーションで、自己構成によるライフデザインカウンセリングを実証するDVDとワークブックを、併せて作成していく予定である。

謝辞

　本書のタイムリーな刊行は、以下の方々からの多大な支援で実現した。
　まず、マーク・サビカス博士には「日本語版への序」をはじめ、訳語の確認、今後の作業の進め方など、貴重な示唆と励ましをいただいた。
　本書の翻訳出版は、福村出版の宮下基幸氏の後ろ盾、プロの翻訳者乙須敏紀氏の綿密な配慮が行き届いた翻訳、とりわけ編集担当榎本統太氏の気が遠くなるほどの細やかな作業と的確なアドバイスの賜物である。
　皆さんのご尽力に心からの感謝を申し上げたい。

2015年6月8日

監訳者を代表して
平木　典子

参考文献

ACT. (2011). *World-of-work map*. Retrieved from http://www.act.org/wwm/index.html
Adams, A. (1936, March 15). *Letter to Stieglitz*. New Haven, CT: Yale Collection of American Literature, Beinecke Library.
Adler, A. (1931). *What life should mean to you*. New York, NY: Blue Ribbon Books.
Adler, A. (1956). *The individual psychology of Alfred Adler*. New York, NY: Basic Books.
Alheit, P. (1995). Biographical learning: Theoretical outline, challenges, and contradictions of a new approach in adult education. In P. Alheit, A. Bron-Wojciechowska, E. Brugger, & P. Dominice (Eds.), The biographical approach in European adult education (pp. 57–74). Vienna, Austria: Verband Wiener Volksbildung.
Allport, G. W. (1961). *Pattern and growth in personality*. New York, NY: Holt, Rinehart & Winston.
Andersen, H. C. (2008). Aunty Toothache. In *The annotated Hans Christian Andersen* (M. Tatar & J. K. Allen, Trans., pp. 341–355). New York, NY: Norton. (Original work published 1872)
Anderson, H. (1997). *Conversation, language, and possibilities: A postmodern approach to therapy*. New York, NY: Basic Books.
Anderson, S. (1919). *Winesburg, Ohio*. New York, NY: Huebsch.
Arnold, M. B. (1962). *Story sequence analysis*. New York, NY: Columbia University Press.
Arthur, M. B. (1994). The boundaryless career [Special is ue]. *Journal of Organizational Behavior, 15* (4).
Barzun, J. (1983). *A stroll with William James*. New York, NY: Harper & Row.
Beck, U. (2002). *Individualization: Institutionalized individualism and its social and political consequences*. London, England: Sage.
Berne, E. (1972). *What do you say after you say hello? The psychology of human destiny*. New York, NY: Grove Press.
Bohn, A., & Berntsen, D. (2008). Life story development in childhood: The development of life story abilities and the acquisition of cultural life scripts from late middle childhood to adolescence. *Developmental Psychology, 44,* 1135–1147. doi:10.1037/0012-1649.44.4.1135
Borders. (n.d.). *Shelf indulgence*.Retrieved from http://www.bordersmedia.com/shelfindulgence
Bourdieu, P. (1977). *Outline of a theory of practice*. Cambridge, England: Cambridge University Press.
Bradbury, R. (1987). *Fahrenheit 451*. New York, NY: Ballantine.
Brandtstadter, J. (2009). Goal pursuit and goal adjustment: Self-regulation and intentional self-development in changing developmental contexts. *Advances in Life Course Research, 14,* 52–62. doi:10.1016/j.alcr.2009.03.002
Bressler, C. E. (2006). *Literary criticism: An introduction to theory and practice* (4th ed.). Upper Saddle River, NJ: Prentice Hall.
Bromberg, P. M. (2006). *Awakening the dreamer: Clinical journeys*. Mahwah, NJ: Analytic Press.
Brooks, G. (2006). Brave new worlds. *The Guardian*. Retrieved from http://www.guardian.co.uk/books/2006/may/06/featuresreviews.guardianreview6
Bruner, J. (1990). *Acts of meaning*. Cambridge, MA: Harvard University Press.
Bureau of Labor Statistics. (2004, August 25). *Number of jobs held, labor market activity, and earnings among younger baby boomers: Recent results from a longitudinal study*. Washington, DC: U.S. Department of Labor.
Burke, K. (1938). Literature as equipment for living. *Direction,* 1, 10–13.
Canfield, J., & Hendricks, G. (2006). *You've got to read this book*. New York, NY: HarperCollins.
Carlson, R. (1981). Studies in script theory: I. Adult analogs of a childhood nuclear scene. *Journal of Personality and Social Psychology, 40,* 501–510. doi:10.1037/0022-3514.40.3.501
CBS. (2009, August 23). Don Hewitt. *60 Minutes Special*. Retrieved from http://onebigtorrent.org/torrents/5988/60-Minutes-Special-Don-Hewitt-August-23-2009
CBS. (2010, May 9). Bebe Neuwirth: At home on the boards. *Sunday Morning*. Retrieved from http://www.cbsnews.com/stories/2010/05/09/sunday/main6470211.shtml

Cervantes, M. (1976). Colloquy of dogs. In *Cervantes: Exemplary stories* (pp. 195–256). New York, NY: Penguin. (Original work published 1613)

Chartrand, J. (1996). A sociocognitive interactional model for career counseling. In M. Savickas & W. Walsh (Eds.), *Handbook of career counseling theory and practice* (pp. 121–134). Palo Alto, CA: Davies-Black.

Christensen, P. J. (n.d.). Quotes about story and storytelling. *Storyteller.net*. Retrieved from http://www.storyteller.net/articles/160

Christie, A. (1977). *Agatha Christie: An autobiography*.New York, NY: Ballantine Books.

Clark, A. J. (2002). *Early recollections: Theory and practice in counseling and psychotherapy*. New York, NY: Brunner-Routledge.

Clifford, S. (2009, October 12). Suing her label, not retiring: Carly Simon won't go gently. *The New York Times*, pp. C1, C8.

CNNPolitics. (2009). *Who is Sonia Sotomayor?* Retrieved from http://www.cnn.com/2009/POLITICS/05/26/sotomayor.bio/index.html

Cochran, L. (1997). *Career counseling: A narrative approach*.Thousand Oaks, CA: Sage.

Coles, R. (1989). *The call of stories: Teaching and the moral imagination*. Boston, MA: Houghton-Mifflin.

Condorcet, M. (1787). *Life of Turgot*. London, England: J. Johnson.

Crites, J. O. (1981). *Career counseling: Models, methods, and materials*.New York, NY: McGraw-Hill.

Crossley, M. L. (2000). *Introducing narrative psychology*. Philadelphia, PA: Open University Press.

Csikszentmihalyi, M., & Beattie, O. V. (1979). Life themes: A theoretical and empirical investigation of their origin and effects. *Journal of Humanistic Psychology, 19*, 45–63. doi:10.1177/002216787901900105

de Shazer, S. (1988). *Clues: Investigating solutions in brief therapy*. New York, NY: Norton.

Dickinson, E. (1960). *The complete poems of Emily Dickenson*. New York, NY: Little, Brown.

Dinesen, I. (1979). On mottoes of my life. In *Daguerreotypes and other essays* (pp. 1–15). Chicago, IL: University of Chicago Press.

Dinkmeyer, D., & Dreikurs, R. (1963). *Encouraging children to learn: The encouragement process*. Englewood Cliffs, NJ: Prentice Hall.

Disney, W. (Producer), & Luske, H. (Director). (1953). *Peter Pan* (Animated movie). United States: Walt Disney Studios.

Dreikurs, R. (1967). *Psychodynamics, psychotherapy, and counseling: Collected papers*. Chicago, IL: Alfred Adler Institute.

Eliot, T. S. (1963). *Four quartets*. London, England: Farber and Farber.

Erikson, E. H. (1968). *Identity: Youth and crisis*. New York, NY: Norton.

Famous Poets and Poems. (n.d.). *Edna St. Vincent Millay quotes*. Retrieved from http://www.famouspoetsandpoems.com/poets/edna_st__vincent_millay/quotes

Fivush, R. (2011). The development of autobiographical memory. *Annual Review of Psychology, 62*, 559–582.

Forster, E. M. (1927). *Aspects of the novel*. New York, NY: Harcourt Brace.

Frankl, V. E. (1963). *Man's search for meaning*. New York, NY: Washington Square Press.

Freud, S. (1915). Thoughts for the times on war and death. In *The complete psychological works of Sigmund Freud: The standard edition* (Vol. 14, pp. 273–300). New York, NY: Norton.

Freud, S. (1948). *Beyond the pleasure principle*. London, England: Hogarth.

Freud, S. (1953). New introductory lectures. In *The complete psychological works of Sigmund Freud: The standard edition* (Vol. 22). New York, NY: Norton.

Gadamer, H.-G. (1975). *Wahrheit und methode* [Truth and method] (G. Barden & J. Cumming, Trans.). London, England: Sheed & Ward. (Original work published 1960)

Giddens, A. (1991). *Modernity and self-identity: Self and society in the late modern age*. Palo Alto, CA: Stanford University Press.

Gorokhova, E. (2009). *A mountain of crumbs*. New York, NY: Simon & Schuster.

Gottfredson, G. D., & Holland, J. L. (1996). *Dictionary of Holland occupational codes* (3rd ed.). Odessa, FL: Psychological Assessment Resources.

Graves, R. (1993). *The Greek myths: Complete edition*. New York, NY: Penguin.

Guichard, J. (2005). Life-long self-construction. *International Journal for Educational and Vocational Guidance, 5*, 111–124. doi:10.1007/s10775-005-8789-y

Haldane, B. (1975). *How to make a habit of success*. Washington, DC: Acropolis Books.

Hall, D. T. (1996a). *The career is dead–Long live the career*. San Francisco, CA: Jossey-Bass.

Hall, D. T. (1996b). Protean careers of the 21st century. *Academy of Management Executive*, 10, 8–16.
Hancock, J. L. (Director/Writer). (2009) *The blind side* [Motion picture]. LosAngeles, CA: Alcon Entertainment.
Hanna, M. (1994, March 29). A little girl's role model in the comics. *Cleveland Plain Dealer*, p. 2-E.
Harris, J. C. (1881). *Nights with Uncle Remus*. New York, NY: Century Co.
Heinlein, R. A. (1961). *Stranger in a strange land*. New York, NY: Putnam.
Heinz, W. R. (2002). Transition discontinuities and the biographical shaping of early work careers. *Journal of Vocational Behavior, 60*, 220–240. doi:10.1006/jvbe.2001.1865
Hemingway, E. (1935). *Green hills of Africa*. New York, NY: Scribners.
Hodges, B. (2009). *The play that changed my life*.New York, NY: Applause Theater & Cinema Books.
Holland, J. L. (1990). *The occupations finder*. Odessa, FL: Psychological Assessment Resources.
Holland, J. L. (1997). *Making vocational choices: A theory of vocational personalities and work environments* (3rd ed.). Odessa, FL: Psychological Assessment Resources.
Hollis, J. (1993). *The middle passage: From misery to meaning in midlife*. Enfield, England: Inner City Books.
Holstein, J., & Gubrium, J. (1999). *The self we live by: Narrative identity in a post-modern world*. New York, NY: Oxford University Press.
Hunter, A. G. (2008). *Stories we need to know: Reading your life path in literature*. Forres, Scotland: Findhorn Press.
James, H. (1908). *The novels and tales of Henry James: The New York edition. Princess Casamassima* (Vol. 5). New York, NY: Scribner's.
James, W. (1890). *Principles of psychology* (Vols. 1 & 2). New York, NY: Henry Holt. doi:10.1037/10538-000
Jennings, C. (Producer), Selick, H. (Director), & Gaiman, N. (Author). (2009). *Coraline* [Motion picture]. Los Angeles, CA: Focus Features.
Jones, E. (1953). *The life and work of Sigmund Freud* (Vol. 1). New York, NY: Basic Books.
Joyce, N. (2008). Wonder Woman: A psychologist's creation. *APA Monitor on Psychology, 30*, 20.
Kahn, W. A. (2001). Holding environments at work. *The Journal of Applied Behavioral Science, 37*, 260–279. doi:10.1177/0021886301373001
Kalleberg, A. L. (2009). Precarious work, insecure workers: Employment relations in transition. *American Sociological Review, 74*, 1–22. doi:10.1177/000312240907400101
Kelly, G. A. (1955). *The psychology of personal constructs*.New York, NY: Norton.
Kermode, F. (1966). *The sense of an ending: Studies in the theory of fiction*. New York, NY: Oxford University Press.
Kinney, A. F. (2007). One witch, two dogs, and a game of ninepins: Cervantes'use of Renaissance dialectic in the *Coloquio de los perros*. *International Journal of the Classical Tradition, 2*, 487–498. doi:10.1007/BF02677886
Kolb, D. (1984). *Experiential learning: Experience as the source of learning and development*. Englewood Cliffs, NJ: Prentice Hall.
Krieshok, T. S., Black, M. D., & McKay, R. A. (2009). Career decision making: The limits of rationality and the abundance of non-conscious processes. *Journal of Vocational Behavior, 75*, 275–290. doi:10.1016/j.jvb.2009.04.006
Krumboltz, J. D. (1996). A learning theory of career counseling. In M. Savickas & W. Walsh (Eds.), *Handbook of career counseling theory and practice* (pp. 55–80). Palo Alto, CA: Davies-Black.
Krumboltz, J. D. (2009). Happenstance learning theory. *Journal of Career Assessment, 17*, 135–154. doi:10.1177/1069072708328861
Lawrence-Lightfoot, S., & Hoffman Davis, J. (1997). *The art and science of portraiture: A new approach to qualitative research*.San Francisco, CA: Jossey-Bass.
Lecky, P. (1945). *Self-consistency: A theory of personality*.New York, NY: Island Press.
Leider, R. J. (1997). *The power of purpose: Creating meaning in your life and work*. San Francisco, CA: Berrett-Koehler.
LeRoy, M. (Producer), & Fleming, V. (Director). (1939). *The Wizard of Oz* [Motion picture]. United States: Metro-Goldwyn-Mayer.
Little, B. R., & Joseph, M. F. (2007). Personal projects and free traits: Mutable selves and well-being. In B. R. Little, K. Salmela-Aro, & S. D. Phillips (Eds.), *Personal project pursuit: Goals, action, and human flourishing* (pp. 375–400). Mahwah, NJ: Erlbaum.
Loewald, H. W. (1960). On the therapeutic action of psychoanalysis. In *Papers on psychoanalysis* (pp. 221–256). New Haven, CT: Yale University Press.
Lofquist, L. H., & Dawis, R. V. (1991). *Essentials of person–environment correspon-dence counseling*.

Minneapolis, MN: University of Minnesota Press.
Machado, A. (2003). *There is no road: Proverbs of Antonio Machado* (M. Berg & D. Maloney, Trans.). Buffalo, NY: White Pine Press.
MacIntyre, A. (1981). *After virtue: A study in moral theory*.Notre Dame, IN: University of Notre Dame Press.
Malrieu, P. (2003). *La question du sens dans les dires autobiographiques*[The issue of meaning in autobiographical narratives]. Toulouse, France: Eres.
Markus, H. (1977). Self-schemata and processing information about the self. *Journal of Personality and Social Psychology, 35*, 63–78. doi:10.1037/0022-3514.35.2.63
Masdonati, J., Massoudi, K., & Rossier, J. (2009). Effectiveness of career counseling and the impact of the working alliance. *Journal of Career Development, 36*, 183–203. doi:10.1177/0894845309340798
McAdams, D. P. (1993). *The stories we live by*. New York, NY: Guilford Press.
McAdams, D. P. (2001). The psychology of life stories. *Review of General Psychology, 5*, 100–122. doi:10.1037/1089-2680.5.2.100
McAdams, D. P. (2008). American identity: The redemptive self. *General Psychologist, 43*, 20–27.
McAdams, D. P., & Olson, B. D. (2010). Personality development: Continuity and change over the life course. *Annual Review of Psychology, 61*, 517–542.doi:10.1146/annurev.psych.093008.100507
McCarthy, M. (2007). *Strong man: The story of Charles Atlas*. New York, NY: Knopf.
McLean, K. C., & Breen, A. V. (2009). Processes and content of narrative identity development in adolescence: Gender and well-being. *Developmental Psychology, 45*, 702–710. doi:10.1037/a0015207
Meltzer, B. (2005). *Identity crisis*. New York, NY: DC Comics.
Meltzer, B. (2010). *Heroes for my son*. New York, NY: Harper.
Metcalf, L. (2005). *The miracle question: Answer it and change your life*. Carmarthen, Wales: Crown House.
Miceli, M., Mancini, A., & Menna, P. (2009). The art of comforting. *New Ideas in Psychology, 27*, 343–361. doi:10.1016/j.newideapsych.2009.01.001
Mill, J. S. (1990). *Autobiography*.New York, NY: Penguin Classics. (Original work published 1873)
Milton, J. (1940). *Paradise lost*. New York, NY: Heritage Press. (Original work published 1667)
Morley, J. (1918). *Recollections*. London, England: Macmillan.
Murray, H. A. (1938). *Explorations in personality*.New York, NY: Oxford University Press.
Myers, R. A. (1996). Convergence of theory and practice: Is there still a problem? In M. Savickas & W. Walsh (Eds.), *Handbook of career counseling theory and practice* (pp. 411–416). Palo Alto, CA: Davies-Black.
Neimeyer, R. A. (1995). An invitation to constructivist psychotherapies. In R. A. Neimeyer & M. J. Mahoney (Eds.), *Constructivism in psychotherapy* (pp. 1–8). Washington, DC: American Psychological Association. doi:10.1037/10170-018
Neimeyer, R. A. (2004a). *Constructivist therapy* (Series 1–Systems of Psychotherapy DVD). Washington, DC: American Psychological Association.
Neimeyer, R. A. (2004b). Fostering post-traumatic growth: A narrative contribution. *Journal of Psychological Inquiry, 15*, 53–59.
Neimeyer, R. A. (2009). *Constructivist psychotherapy*.London, England: Routledge.
Neimeyer, R. A., & Buchanan-Arvay, M. (2004). Performing the self: Therapeutic enactment and the narrative integration of traumatic loss. In H. Hermans & G. Dimaggio (Eds.), *The dialogical self in psychotherapy* (pp. 173–189). New York, NY: Brunner-Routledge. doi:10.4324/9780203314616_chapter_11
Neuman, Y., & Nave, O. (2009). Why the brain needs language in order to be self-conscious. *New Ideas in Psychology, 28*, 37–48. doi:10.1016/j.newideapsych. 2009.05.001
Nietzsche, F. (1954). *Thus spoke Zarathustra* (W. Kaufmann, Trans.). New York, NY: Random House.
Nobleman, M. T. (2008). *Boys of steel: The creators of Superman*. New York, NY: Knopf.
Osipow, S. H. (1996). Does career theory guide practice or does practice guide theory? In M. Savickas & W. Walsh (Eds.), *Handbook of career counseling theory and practice* (pp. 403–410). Palo Alto, CA: Davies-Black.
O'Sullivan, M. (2006, August 11). Artist as curator: Another perspective. *The Washington Post*, p. 24.
Parsons, F. (1909). *Choosing a vocation*. Boston, MA: Houghton-Mifflin.
Parton, D. (2010, July 3). *Dolly Parton celebrates 25 years of Dollywood*. Studio City, CA: Hallmark Channel.
Pelley, S. (October 7, 2007). *Bruce Springsteen*. 60 Minutes. New York, NY: CBS News.
Plato. (2007). *The republic*. New York, NY: Penguin Books. (Original work published 380 B.C.E.)

Polti, G. (1916). *The thirty-six dramatic situations*. Boston, MA: The Writer.
Powers, R. L., Griffith, J., & Maybell, S. J. (1994). Gender guiding lines theory and couples therapy. *Individual Psychology: The Journal of Adlerian Theory, Research, & Practice, 49*, 361–371.
Propp, V. (1968). *The morphology of the fairy tale* (L. Scott, Trans.). Austin, TX: University of Texas Press.
Proust, M. (1923). *La prisonniere* (La Bibliotheque de la Pleiade Tome 3). Paris, France: Editions Gallimard.
Pryor, R., & Bright, J. (2011). *The chaos theory of careers*.New York, NY: Routledge.
Reich, W. (1933). *Character analysis*. New York, NY: Farrar, Straus and Giroux.
Richardson, M. S., Meade, P., Rosbruch, N., Vescio, C., Price, L., & Cordero, A. (2009). Intentional and identity processes: A social constructionist investigation using student journals. *Journal of Vocational Behavior, 74*, 63–74.
Ricoeur, P. (1984). *Time and narrative*.Chicago, IL: University of Chicago Press.
Riley, E. C. (1994). "Cipion" writes to "Berganza" in the Freudian Academia Espanola. *Cervantes: Bulletin of the Cervantes Society of America, 14*, 3–18.
Rogers, C. R. (1942). *Counseling and psychotherapy*. Boston, MA: Houghton-Mifflin.
Rosen, D., Holmberg, K., & Holland, J. L. (1987). *The college majors finder*. Odessa, FL: Psychological Assessment Resources.
Saratoga Institute. (2000). *Human capital benchmarking report*. Santa Clara, CA: Saratoga Institute.
Sartre, J. P. (1943). *Being and nothingness*. London, England: Methuen.
Savickas, M. L. (1996). A framework for linking career theory and practice. In M. Savickas & W. Walsh (Eds.), *Handbook of career counseling theory and practice* (pp. 191–208). Palo Alto, CA: Davies-Black.
Savickas, M. L. (2001). Toward a comprehensive theory of career development: Dispositions, concerns, and narratives. In F. T. L. Leong & A. Barak (Eds.), *Contemporary models in vocational psychology: A volume in honor of Samuel H. Osipow* (pp. 295–320). Mahwah, NJ: Erlbaum.
Savickas, M. L. (2005). The theory and practice of career construction. In S. D. Brown & R. W. Lent (Eds.), *Career development and counseling: Putting theory and research to work* (pp. 42–70). Hoboken, NJ: Wiley.
Savickas, M. L. (2006). *Career counseling* (Specific Treatments for Specific Populations Video Series). Washington, DC: American Psychological Association.
Savickas, M. L. (2009). *Career counseling over time* (Psychotherapy in Six Sessions Video Series). Washington, DC: American Psychological Association.
Savickas, M. L. (2010). Re-viewing scientific models of career as social constructions. *Revista Portuguesa de Pedagogia e Psychologia. Numero Conjunto Comemorativo*, 33–43.
Savickas, M. L. (2011). The self in vocational psychology: Object, subject, and project. In P. J. Hartung & L. M. Subich (Eds.), *Developing self in work and career: Concepts, cases, and contexts* (pp. 17–33). Washington, DC: American Psychological Association. doi:10.1037/12348-002
Savickas, M. L., & Lent, R. (Eds.). (1994). *Convergence in theories of career development: Implications for science and practice*. Palo Alto, CA: Consulting Psychologists Press.
Savickas, M. L., Nota, L., Rossier, J., Dauwalder, J. P., Duarte, M. E., Guichard, J., . . . van Vianen, A. E. M. (2009). Life designing: A paradigm for career construction in the 21st century. *Journal of Vocational Behavior, 75*, 239–250. doi:10.1016/j.jvb.2009.04.004
Savickas, M. L., & Walsh, W. B. (1996). *Handbook of career counseling theory and practice*. Palo Alto, CA: Davies-Black.
Schafer, R. (1983). Narration in the psychoanalytic dialogue. In *The analytic attitude* (pp. 212–239). New York, NY: Basic Books.
Schneider, B. (1987). The people make the place. *Personnel Psychology, 40*, 437–453. doi:10.1111/j.1744-6570.1987.tb00609.x
Schultz, W. T. (2002). The prototypical scene: A method for generating psychobiographical hypotheses. In D. R. McAdams, R. Josselson, & A. Lieblich (Eds.), *Up close and personal: Teaching and learning narrative research* (pp. 151–176). Washington, DC: American Psychological Association.
Schwarzenegger, A. (2001, May 3). *Steve Reeves, champion*. Retrieved from http://www.schwarzenegger.com/en/life/hiswords/life_hiswords_eng_legacy_366.asp-sec=life&subsec=hiswords
Scorsese, M. (2005, September 26). *No direction home: Bob Dylan–A Martin Scorsese movie* (PBS American Masters series episode). Retrieved from http://www.pbs.org/wnet/americanmasters/episodes/bob-dylan/about-the-film/574/
Shakespeare, W. (1891). *Shakespeare selected plays: Coriolanus* (W. A. Wright, Ed.). Oxford, England: Clarendon Press.

Shipman, C., & Rucci, S. (2009, July 9). Nancy Drew: The smart woman's role model. *ABC News Good Morning America*. Retrieved from http://abcnews.go.com/GMA/Story-id=8034954&page=1

Simon, S. (2005, April 2). *Danes mark Hans Christian Andersen bicentennial*. Retrieved from http://www.npr.org/templates/story/story.php-storyId=4571854

Singleton, J. (Producer/Writer/Director). (1995). *Higher learning*[Motion picture]. Culver City, CA: Columbia Pictures.

Spacey, K. (Producer/Director/Writer). (2004). *Beyond the sea*[Motion picture]. Santa Monica, CA: Lions Gate Films.

Stafford, W. (1999). *The way it is: New and selected poems*. Minneapolis, MN: Graywolf Press.

Stevens, W. (1952). The idea of order at Key West. In *The man with the blue guitar* (pp. 129–134). New York, NY: Random House.

Stewart, N. R. (1969). Exploring and processing information about educational and vocational opportunities in groups. In J. D. Krumboltz & C. E. Thorensen (Eds.), *Behavioral counseling: Cases and techniques* (pp. 213–234). New York, NY: Holt, Rinehart and Winston.

Subich, L. M. (Ed.). (1993). Symposium: How personal is career counseling? *Career Development Quarterly, 42,* 129–179.

Subich, L. M., & Simonson, K. (2001). Career counseling: The evolution of theory. In F. T. L. Leong & A. Barak (Eds.), *Contemporary models in vocational psychology* (pp. 257–278). Mahwah, NJ: Erlbaum.

Super, D. E. (1949). *Appraising vocational fitness by means of psychological tests*. New York, NY: Harper & Brothers.

Super, D. E. (1951). Vocational adjustment: Implementing a self-concept. *Occupations, 30,* 88–92.

Super, D. E. (1957). *The psychology of careers*. New York, NY: Harper & Row.

Super, D. E. (1990). A life-span, life-space approach to career development. In D. Brown & L. Brooks (Eds.), *Career choice and development* (2nd ed., pp. 197–261). San Francisco, CA: Jossey-Bass.

Super, D. E., Savickas, M. L., & Super, C. M. (1996). The life-span, life-space approach to careers. In D. Brown & L. Brooks (Eds.), *Career choice and development: Applying contemporary theories to practice* (3rd ed., pp. 121–178). San Francisco, CA: Jossey-Bass.

Super, D. E., Starishevsky, R., Matlin, N., & Jordaan, J. P. (1963). *Career development: Self-concept theory*. New York, NY: College Examination Board.

Sveningsson, S., & Alvesson, M. (2003). Managing managerial identities: Organizational fragmentation, discourse and identity struggle. *Human Relations, 56,* 1163–1193. doi:10.1177/00187267035610001

Taylor, C. (1992). *Sources of the self: The making of modern identity*. Cambridge, MA: Harvard University Press.

Thoreau, H. D. (1992). *Walden*. Boston, MA: Shambhala. (Original work published 1854)

Thurber, J. (1956). *"The shore and the sea": Further fables for our time*.New York, NY: Simon & Schuster.

Tiedeman, D. V., & Field, F. L. (1962). Guidance: The science of purposeful action applied through education. *Harvard Educational Review, 32,* 483–501.

Vedder, E. (2008, June 26). *VH1 storytellers: Pearl Jam*. Retrieved from http://www.youtube.com/watch-v=Z3hK-MqF6O4

Vygotsky, L. S. (1978). *Mind in society* (M. Cole, Trans.). Cambridge, MA: Harvard University Press.

Wallis, K. C., & Poulton, J. L. (2001). *The origins and construction of internal reality*. Philadelphia, PA: Open University Press.

Waters, J. (2006). Mr. Williams saved my life: Introduction. In T. Williams, *Memoirs* (pp. ix–xix). New York, NY: New Directions Press.

Weintraub, K. (1975). Autobiography and historical consciousness. *Critical Inquiry, 1,* 821–848. doi:10.1086/447818

Welch, J. F., Jr. (1992). Working out a tough year. *Executive Excellence, 9,* 14.

Welty, E. (1983). *One writer's beginnings*.Cambridge, MA: Harvard University Press.

White, H. (1981). The value of narrativity in the representation of reality. In W. J. T. Mitchell (Ed.), *On narrative* (pp. 5–27). Chicago, IL: University of Chicago Press.

Whitman, W. (2008). *Song of myself*.Miami, FL: BN. (Original work published 1855)

Williamson, E. G., & Bordin, E. S. (1941). The evaluation of vocational and educational counseling: A critique of the methodology of experiments. *Educational and Psychological Measurement, 1,*5–23. doi:10.1177/001316444100100101

Wittgenstein, L. (1953). *Philosophical investigations* (G. E. M. Anscombe, Trans.). Oxford, England: Basil Blackwell.

Wloszczyna, S. (2009, February 5). Perfect heroine for hard times. *USA Today,* pp. D1–D2.

Worthington, I. (2001). *Demosthenes*. London, England: Routledge.

Young, W. P. (2007). *The shack*. Newbury Park, CA: Windblown Media.

Ziglar, Z. (1997). *Great quotes*. Franklin Lakes, NJ: Career Press.

索引

数字
5つの原則 *166*
6つの情報探索行動 *186*
6つのテーマ *167*
『60ミニッツ』*49, 125*

A
ACT *140*

C
『CSI:科学捜査班』*88*

D
『Dictionary of Holland Occupational Codes』*141, 158*

I
identificationの語源 *123*
inter est（興味）*136*

O
O*Net *141*

R
RIASEC言語 *158*
RIASEC分類 *140, 152*

T
『The Occupations Finder』*187*

W
World-of-Work Map
→ワールド・オブ・ワークマップ

あ
アーク *45*
アーノルド, M. *113*
アイデンティティ *11, 21, 24, 29*
アイデンティティ構築 *150*
アイデンティティ資本 *22*
アイデンティティ・ナラティブ *25, 34, 52, 94, 95, 99, 102, 149, 181, 204*
アイデンティティに対するナラティブのプロセス作業 *34*
アイデンティティの断片化 *32*
アイデンティティ・ポートレート *174*
アイデンティティ・ワーク *22, 32, 204*
アインシュタイン, A. *51*
アセスメント *86, 95*
アセスメント手順 *160*
「与えられた」アイデンティティ *30*
アダプタビリティ *21*
アダムス, A. *95*
アドラー, A. *48, 103*
安心の形成 *77*
安心毛布 *101*
アンデルセン, H. C. *49*

い
意志 *50, 179*
一貫した線 *39*
一貫性 *58, 60*
一致 *136*
一般原則 *161*
一般原理 *99*
『犬の対話』*148*
居場所の喪失 *54*
意味 *24*
意味づくり *136*
意味のパターン *41*
意味のより糸 *59*
意味を聴き取る *67*

う
ウィトゲンシュタイン, L. J. *62, 107*
ウィンフリー, O. *46, 88*
ウェブサイト *86, 136*
ウェルチ, J. *19*
ウェルティー, E. *67*
ウォーターズ, J. *46*
『失われた時を求めて』*101*

え
影響 *204*
影響する人 *123*
エージェンシー *31, 98*
エージェント *16*
「選ばれた」アイデンティティ *30*
エリオット, T. S. *73*
演技者 *16*
エンプロイアビリティ *23*

お
牡牛のフェルディナンド *84*

『オズの魔法使い』 133, 155
オルソン, B. D. 16, 34

か
解決 131
解決技法 190
快傑ゾロ 85
回想録 35
改訂 131
外的な旅 44
ガイド 84, 122
カウンセリング関係の開始 62
カオス理論 15
抱え環境 137
格言 171
過去の役割 26
『風と共に去りぬ』 91
課題 17
ガダマー, H. G. 34
語り直す 70
価値観 44, 138
価値づけ 24, 60
ガブリウム, J. 31
仮面 104
変わりうる自己 138
関係性次元 62
感じられた意味 106

き
『キー・ウエストでの秩序の観念』 27
企画体 17, 117
奇跡の質問 191
客体 17
客観的キャリア 26, 38, 44
逆境 47
キャラクター・アーク 45, 50, 102, 110, 132, 134, 136, 204
キャリア・カウンセリング 11, 13, 204
キャリア・カウンセリング理論 13

キャリア教育 14, 204
キャリア構成 94, 143
キャリア構成カウンセラー 12, 85, 92, 94, 100, 104, 108, 109, 127, 131, 157
キャリア構成カウンセリング 25, 47, 54, 62, 105, 131
キャリア構成カウンセリング・モデル 79
キャリア構成理論 13, 15, 24, 26, 85, 99, 149
キャリア・コンピテンシー 22
キャリア・ストーリー 144
キャリアストーリー・アセスメント 101
キャリアストーリー・インタビュー 79, 81, 85, 90, 91, 94, 100, 141
キャリア・ディベロプメント 15
キャリア・テーマ 25, 40, 45, 80, 94, 97, 157
キャリア適応能力の4つの次元 190
キャリア発達理論 13, 14
救済の台本 150
境界のないキャリア 22
共感的に聴く 67
協調する意志 180
強迫 50
興味 204
ギリシャ神話 40
緊張 50

く
偶発性の学習理論 15
組み込み 123, 136
クランボルツ, J. D. 15
クリスティ, A. 105

け
劇的な言語 56
ゲシュタルト 29, 48

結晶化 29, 186
言語的戦略 64
現在の役割 26
現実化 188
言説 142

こ
行為の主体者 →エージェント
高次の意味のパターン 60
構成 13, 62
構成主義的キャリア・カウンセリング 18, 55, 60
構成主義理論 15
構造 66
肯定 50
行動計画の一覧表 185
行動への呼びかけ 154
個人－環境理論 12
個人的神話 59
個性化 48
『ゴッドファーザー』 91
ゴットフレッドソン, G. D. 140
雇用可能性 →エンプロイアビリティ
『コラリンとボタンの魔女』 120
コルブの経験的学習の4段階モデル 193

さ
再構成 13, 62, 150
作業同盟 62, 75, 77
作文手順の書式 100
雑誌 81, 86, 136, 148
サビカス, M. L. 15, 17, 18
サポートする 191

し
自意識 26
ジェイムズ, H. 68
ジェームズ, W. 33, 103

自己 24, 96, 124
自己一貫性 58
自己概念 81, 89, 90, 117, 124, 136
自己構成 23, 56, 118, 121, 169
自己構成概念 143
自己指示 69
自己主張訓練 192
自己創造の地理学 31
自己知識 33
仕事環境分類法 158
仕事仲間 139
自己表現 56
自己表出 106
自己への気づき 26, 27, 33
自己療法 154
自叙伝 36, 56, 205
指針となる言葉 81, 91, 153, 154
実行に移す 189
実用的な妥当性 172
『失楽園』49
自伝作業 36
自伝的エージェンシー 37
自伝的エージェンシーの感覚 37
自伝的語り 36, 205
自伝的記憶 143
自伝的ストーリー 16
自伝的な説明 35, 43, 52
シナリオ 157
支配的な言説 150
締めくくり 193
シャーロック・ホームズの譬え 64
社会化 142
社会学習理論 15
社会的生態 136
社会的-生態学的適応モデル 138
社会的文脈 29
社会的ロール 122
社会認知キャリア理論 15

習慣的行動 142
主観的キャリア 26, 39, 45, 54
熟達 24, 50
主体 17
主題的なパターン 40, 63
シュナイダー, B. 138
シュルツ, W. T. 67
上昇志向のナラティブ 70
象徴的言語 56
職業 50, 51
職業ガイダンス 12, 14, 80, 205
職業興味の分類 140
職業上の課題 41
職業上の筋書き 45
職業上の地位の喪失 54
職業上の転機 32, 41, 76
職業上の発達課題 32
職業選択の適合理論 12
職業的社会化 138
職業発達理論 13
職場 137, 138
職務なき仕事 11
助言 171
ジョゼフ, M. F. 138
人生設計 24
人生台本 90
シンデレラ 134
訊問 64
心理学的自己 29

す
スーパー, D. E. 18, 23, 136
スーパーの探索モデル 186
スーパーマン 83, 124
スコセッシ, M. 97
筋書き 38, 94, 144, 149, 157, 205
筋立て 205
筋立てする 39, 42
『スター・トレック』89

スタフォード, W. 40
スティーヴンズ, W. 27
「ステージ」理論 13
ストーリー 28, 92, 94, 95, 107, 108, 109, 147, 205
ストーリーに入っていく能力 97
ストーリーの連続性分析 147
スプリングスティーン, B. 49
スマーフェット 134
ズレ 35, 36
ズレる 34, 62

せ
成功の公式 181, 182
性的虐待 129
青年期 120, 125, 146
セルバンテス, M. 147
全体に関わる 45
戦略 96

そ
相互作用 63
組織のナラティブ 21
組織文化 138
ソロー, H. 146

た
ダーウィス, R. V. 18, 136
「タイプ」理論 13
台本 90, 96, 101, 142, 147, 153, 170
対話 142
脱構成 13, 150, 151
脱職務 11
探索 185

ち
チクセントミハイ, M. 48
『ちびっこ きかんしゃ だいじょうぶ』146

索引 219

チャートランド, J. 15
超視点 160
著作者 16

つ
罪の意識 199
強さ 50

て
ディーネセン, I. 33, 154
ディキンソン, E. 150
テイラー, C. 47
テーマ 40, 205
テレビ番組 86, 136, 148
転機 150

と
統一 59
同一化 123, 205
同一化した人 123
統一していく自己 42
統合された個性 23
特性 17
特定化 187
共に構成 11, 13, 29, 61, 167, 180
トラウマ 32
捉われ 25, 48, 50, 51, 70, 92, 96, 102, 103, 106, 109, 112, 115, 117, 127, 131, 149, 167, 168
取り入れ 123

な
内省 69
内的な旅 44
内面化 123
ナラティブ 47, 109, 150
ナラティブ・アイデンティティ 33, 34, 100, 205
ナラティブ・アイデンティティ・ワーク 34
ナラティブ構成 101
ナラティブ心理学 23, 54
ナラティブ的な真実 52
ナラティブのプロセス作業 33, 35
ナラティブ・パラダイム 47, 149

に
ニッチ 30, 137
認識反射 176

ね
年代記 38, 58, 205

は
場 88, 96, 136, 153
バーク, K. 145
パーソナリティの類型 56
パートン, D. 146
バイオグラフィシティ 22
背景情報 72
励まし 65
場所 137
パターン 29
『ハックルベリー・フィン』 146
場面 170
パラダイム 47

ひ
『ピーターパン』 50
ピーティー, O. V. 48
ヒーローやヒロイン 118, 119, 148
否定 50
人―職業マッチング 158
秘密 59, 129
ヒューイット, D. 125

ふ
プライアー, R. 15

ブライト, J. 15
フランクル, V. 48
プルースト, M. 101
ブルーナー, J. 38
ブレスラー, C. E. 46
フロイト, S. 50, 147
プロジェクト 11
プロジェクトの喪失 54
プロップ, V. 152
文化的台本 30
文化的ナラティブ 142, 155
文化的物語 142
文芸評論 46, 152

へ
ベートーベン, L. van 41
ヘミングウェイ, E. 91, 146
ペリー, S. 49
ペルソナ 104
変幻自在のキャリア 21

ほ
ホイットマン, W. 43
包括性 68
冒頭の質問 71, 76, 81
方法 139
ボールデサリ, J. 38
ポカホンタス 89, 92
『ボブ・ディラン ノー・ディレクション・ホーム』 97
ホランド, J. 23, 52, 136, 140
ホランドの職業選択理論 18
ホランド理論のRIASEC 196
ホルスタイン, J. 31
ポルティ, G. 152

ま
『マーサ・スチュワート・リビング』 88
マイクロストーリー 101, 102

ま

マイクロナラティブ 35, 95, 99, 100, 206
マイクロプロセス 35
マイティ・マウス 84
マイヤーズ 14
マクアダムス, D. P. 16, 34, 150
マクロナラティブ 35, 95, 99, 100, 149, 206
マクロナラティブの修正 177
マスターナラティブ 142
マッキンタイア, A. 30
マトリン, N. 136
『マペット・ベイビーズ』 135

み

ミス・ピギー 84
未来のシナリオ 171
未来の役割 26
魅力−選択−欠落理論 138
ミル, J. S. 121
ミルトン, J. 49

む

『昔話の形態学』 152
矛盾語法 34
矛盾するストーリー 58

め

『名犬ラッシー』 84
メタ・コンピテンシー 21
メタファー 43, 55, 77, 144
メルツァー, B. 124

も

物語にする能力 96
模倣 121, 124
問題 109, 139
問題解決の戦略 66
問題についての所感 75, 77

や

役割アイデンティティ 29
役割における自己 29

ゆ

勇気づけ技法 192

よ

幼児期 120, 146
幼少期の思い出 81, 92, 106, 108, 110, 117, 131
弱さ 50
『四十二番街』 125

ら

『ライク・ア・ローリング・ストーン』 97
ライフ・ストーリー 23, 31, 104
ライフ・テーマ 15, 16, 50, 206
ライフデザインカウンセリング 40
ライフ・ポートレート 95, 114, 206
ライフライン 48

り

理解 56, 60
リトル, B. R. 138
リメンバリング 52, 108
流動的な労働者 54
リンカーン, A. 75

る

類型論 52

れ

連続性 59, 60

ろ

『老人と海』 91
ロールプレイ 125
ロールモデル 81, 115, 117, 119, 124, 128, 143, 147
ロジャーズ, C. R. 101
ロフクィスト, L. H. 18, 136
論理的な言語 56

わ

ワーク・トラウマ 32, 37, 41, 76
ワールド・オブ・ワークマップ 140
ワンダー, S. 156
ワンダーウーマン 83

著｜マーク・L・サビカス（Mark L. Savickas）
ノースイースト・オハイオ医科大学教授（家族・コミュニティ学専攻）。1977年の同大学創立以来、医学生のキャリア支援を中心にキャリア・カウンセリングの教育・実践・研究を行う。おもな著書に *Convergence in Career Development Theories: Implications for Science and Practice*（Consulting Psychologists Press, 1994）、おもな共編著に *Handbook of Vocational Psychology: Theory, Research, and Practice*（Routledge, 2013）、*APA Handbook of Career Intervention*（American Psychological Association, 2014）など。

監訳｜日本キャリア開発研究センター（Japanese Institute of Career Development: JICD）
日本におけるキャリア開発およびキャリア・カウンセリングの発展を願って2010（平成22）年4月4日に設立。キャリア開発カウンセラー®の養成および資格認定事業や国際交流事業等を実施している。Webサイト：https://jicd.net

 平木 典子（ひらき・のりこ）　専門領域：臨床心理学、家族心理学
  現職：日本アサーション協会相談役
  おもな著書：『家族を生きる』（共著、東京大学出版会、2012年）、『キャリア開発と統合的ライフ・プランニング』（共監訳、福村出版、2013年）、『新・カウンセリングの話』（朝日新聞出版、2020年）、『三訂版 アサーション・トレーニング』（日本・精神技術研究所、2021年）、『言いにくいことが言えるようになる伝え方』（ディスカヴァー・トゥエンティワン、2023年）など

 水野 修次郎（みずの・しゅうじろう）　専門領域：カウンセリング心理学、発達学
  Ed.D.、1級キャリアコンサルティング技能士、公認心理師
  現職：一般社団法人ライフデザインカウンセリング研究所所長／一般社団法人ピアメディエーション学会会長／日本カウンセリング学会認定スーパーバイザー
  おもな著書：『よくわかるカウンセリング倫理』（河出書房新社、2005年）、『カウンセリング練習帳』（おうふう、2009年）、『「仕事」に満足してますか？』（共著、福村出版、2021年）など

 小澤 康司（おざわ・やすじ）　専門領域：臨床心理学、カウンセリング心理学、被害者支援
  現職：立正大学心理学部教授／日本キャリア・カウンセリング研究会（JCC）会長／日本キャリア開発研究センター（JICD）代表
  おもな著書：『実践 職場で使えるカウンセリング』（共編著、誠信書房、2020年）、『日本キャリアカウンセリング史』（共著、実業之日本社、2024年）など

 平 和俊（たいら・かずとし）　専門領域：キャリア開発、キャリア・カウンセリング
  現職：気づきプロジェクト代表
  おもな訳書：『キャリア開発と統合的ライフ・プランニング』（共監訳、福村出版、2013年）、『現場で使えるキャリア理論とモデル』（共訳、金子書房、2021年）

 作田 稔（さくだ・みのる）　専門領域：キャリア開発、キャリア・カウンセリング、イノベーションマネジメント
  現職：日本キャリア・カウンセリング研究会（JCC）元理事／組織能力研究所代表
  おもな共訳書・共著論文：『キャリアを超えて ワーキング心理学』（白桃書房、2018年）、「組織変革に向かうモチベーションと関係する成員の価値観要因」（『産業・組織心理学研究』、2001年）、「経営革新を促す組織能力に関する研究」（『技術と経済』、2008年）など

訳｜乙須 敏紀（おとす・としのり）
翻訳家。九州大学文学部卒。西洋史、心理学、美術などの分野を専門とする。おもな訳書に『高齢者虐待の研究』（明石書店、2008年）、『家庭内暴力の研究』（福村出版、2011年）、『キャリア開発と統合的ライフ・プランニング』（福村出版、2013年）など。

サビカス キャリア・カウンセリング理論
〈自己構成〉によるライフデザインアプローチ

2015年7月5日　　初版第1刷発行
2024年11月30日　　　　第6刷発行

著　者　　マーク・L・サビカス
監訳者　　日本キャリア開発研究センター
訳　者　　乙須　敏紀
発行者　　宮下　基幸
発行所　　福村出版株式会社
　　　　　〒104-0045　東京都中央区築地4-12-2
　　　　　電話　03-6278-8508　FAX　03-6278-8323
　　　　　https://www.fukumura.co.jp
装　幀　　臼井　弘志（公和図書デザイン室）
印　刷　　株式会社文化カラー印刷
製　本　　本間製本株式会社

© 2015 Japanese Institute of Career Development / OTOSU, Toshinori
Printed in Japan
ISBN978-4-571-24055-3

定価はカバーに表示してあります。
落丁本・乱丁本はお取り替えいたします。
本書の無断複製・転載・引用等を禁じます。

福村出版◆好評図書

M. L. サビカス 著／水野修次郎・長谷川能扶子 監訳
サビカス キャリア構成理論
●四つの〈物語〉で学ぶキャリアの形成と発達
◎3,500円　ISBN978-4-571-24106-2　C3011

キャリアカウンセリングの大家サビカスの理論の集大成。4つの物語でキャリアの形成・発達を明らかにする。

水野修次郎・長谷川能扶子 著
「仕事」に満足してますか？
●あなたの適職・天職・転機がわかるライフデザイン・ワークブック
◎2,000円　ISBN978-4-571-24094-2　C0011

レッスンを通して本当にやりたい仕事がわかる！ 今の仕事を続けてよいか悩む社会人，復職が不安な主婦に最適。

S. S. ハンセン 著／平木典子・今野能志・平 和俊・横山哲夫 監訳／乙須敏紀 訳
キャリア開発と統合的ライフ・プランニング
●不確実な今を生きる6つの重要課題
◎5,000円　ISBN978-4-571-24050-8　C3011

グローバルな変化のなかで，人生というキャリアを追求しているキャリア支援の専門家，実践者，研究者に贈る。

渡部昌平 編著
実践家のためのナラティブ／社会構成主義キャリア・カウンセリング
●クライエントとともに〈望ましい状況〉を構築する技法
◎3,000円　ISBN978-4-571-24061-4　C3011

ナラティブ／社会構成主義キャリア・カウンセリングの現場で活躍する専門家達が，各自の実践ノウハウを公開。

渡部昌平 編著
社会構成主義キャリア・カウンセリングの理論と実践
●ナラティブ，質的アセスメントの活用
◎3,200円　ISBN978-4-571-24056-0　C3011

社会構成主義キャリア・カウンセリングとナラティブ，またそれらを背景とした質的アセスメントを多面的に詳解。

渡部昌平 著
キャリア理論家・心理学者77人の人物で学ぶキャリア理論
◎2,600円　ISBN978-4-571-24099-7　C3011

キャリアコンサルタントが知るべき種々の理論を，それらを提唱した理論家・心理学者の人物像を元に紹介。

石山恒貴 著
越境的学習のメカニズム
●実践共同体を往還しキャリア構築するナレッジ・ブローカーの実像
◎2,600円　ISBN978-4-571-24064-5　C3011

会社等の枠を越境して学びの場を求める越境的学習が個人と組織にもたらす効果について事例研究をもとに検証。

◎価格は本体価格です。